# もっと知りたい ボランティア

2

監修 西尾雄志（近畿大学准教授）

## 知ろう！ 環境 ボランティア

# 目次

### ボランティアとSDGs《エスディージーズ》

2015年9月25日の国連サミットで、地球環境《かんきょう》を保全《ほぜん》しながら発展《はってん》をつづけるための目標「持続可能《かのう》な開発目標（SDGs《エスディージーズ》）」が採択《さいたく》されました。SDGsは、2016年から2030年の15年間で国連加盟国《かめいこく》が達成すべき17の目標（ゴール）と169のターゲット（ゴールにいたるための具体的な課題）で構成《こうせい》されています。17の目標は、国だけでなく企業《きぎょう》や市民が参加し、社会全体で達成をめざすものとされています。

本書では、ボランティアの活動をSDGsの観点からとらえ、SDGsのどの目標にかかわるかを右のアイコンでしめしています。

**団体名《だんたいめい》の表示《ひょうじ》について**

この本で活動をとりあげている団体《だんたい》には、NPO法人および認定《にんてい》NPO法人がふくまれます。NPO法人は、NPO法人（特定非営利《ひえいり》活動法人）制度《せいど》にもとづき、団体の名前で契約《けいやく》や取引ができる法人格《ほうじんかく》を得《え》た団体です。認定NPO法人は、NPO法人のなかでも、その団体に寄付《きふ》した人が税《ぜい》の優遇《ゆうぐう》を受けられる団体です。

NPO法人は特定非営利活動法人ともよばれますが、この本ではNPO法人と記します。また、各団体の種類は「団体データ」内の「団体名《めい》称《しょう》」にしめします。

# はじめに

## 「わたしがある」ために必要なもの

「わたしは、わたしである」といいます。そのとおりです。

ただし、「わたしがある」ためには、「わたし以外」のさまざまなものが必要です。地球上でわたし一人《ひとり》ぼっちなら、さびしくてしかたがありません。だから、「わたしがある」ために、わたし以外の、「あなた」が必要です。「わたしがある」ためには、空気が必要です。「わたしがある」ためには、水も必要です。「わたしがある」ためには、食べものも必要です。「わたしがある」ためには、食べものを育てる大地も、水も、太陽の光も必要です。こう考えていくと、「わたしがある」ためには、わたし以外のあらゆるものが必要だということに気がつきます。

これはすべてのことにあてはまります。あらゆるものは、そのもの以外のものをともなってはじめて、そのものたり得《う》るのです。生徒がいなければ先生たり得《え》ません。闇《やみ》がなくては、光たり得《え》ません。闇があるから、光があるとわかるのです。光があるから、闇だとわかるのです。すべてのものは、相互《そうご》に依存《いぞん》しあって存在《そんざい》しているもので、そのもののみの力で存在しているわけではありません。

## 「わたし」と環境《かんきょう》

さて、この「わたしがある」ために必要な「ありとあらゆるもの」、それを環境《かんきょう》と考えてもいいでしょう。環境には、さまざまなものがあります。家庭環境、社会環境、自然環境などです。そして人間はこういった環境に影響《えいきょう》を受けて生きていると同時に、その環境に影響をあたえて生きているわけです。

そしてその環境のなかの自然環境が、いまたいへんな危機《きき》におちいっています。現代《げんだい》の社会では、人間の活動が自然環境に大きな影響をあたえているといわれています。二酸化炭素排出量《にさんかたんそはいしゅつりょう》の問題や地球温暖化《おんだんか》の問題は、みなさんも聞いたことがあるでしょう。また過去《かこ》にはないくらいの猛暑《もうしょ》や豪雨《ごうう》、熱波などの異常気象《いじょうきしょう》のニュースなども聞いたことがあると思います。これは地球規模《きぼ》の問題であり、世界中すべての国がとりくまないといけない問題です。

そういわれると、自分とは遠い世界のことのように聞こえるかもしれませんが、わたしたち一人一人の日びの生活が、環境にあたえる影響もとても大きいのです。ですので、日常《にちじょう》の生活で環境問題の観点から、行動を少し変えることを積みかさねていけば、そして、そういう行動をする人がふえていけば、それは大きな力になります。つまり、生活のなかで少し気をつけるだけで、環境への悪影響を少なくすることができるのです。

SDGs《エスディージーズ》ということばを聞いたことがあると思います。これは日本語に訳《やく》すと、「持続可能《かのう》な開発目標」です。なぜこのような目標を世界的にかかげないといけないのでしょうか。それは、現在《げんざい》の生活をつづけると、地球環境が修復不可能《しゅうふくふかのう》になるからです。つまり、現在の世界のありかたは、持続可能ではない、ということです。「わたしたちがある」ために、環境問題にとりくむボランティアのみなさんの活動を見てみてください。

2022年2月

近畿《きんき》大学　准教授《じゅんきょうじゅ》
**西尾雄志《にしおたけし》**

# 環境《かんきょう》ボランティア<br>おすすめチャート

この本では、７つの環境《かんきょう》ボランティアの活動を紹介《しょうかい》しています。
あなたに向いている活動はどれか、このチャートでためしてみましょう。
気になった活動から読んでみるのもいいですね。

**どちらが得意《とくい》？**

生きものの世話をする … A

初対面の人と話す ……… B

**海と川、どちらが好き？**

海 ……………………… A

川 ……………………… B

**どちらの科目が好き？**

家庭科 ………………… A

理科 …………………… B

A ──→

B ･････→

**海洋環境保全《ほぜん》ボランティア**

たてやま・海辺《うみべ》の鑑定団《かんていだん》

………………… 18 ページ

**1 種類の生きものについてくわしくほりさげたい？**

はい …………………………… A

いいえ ………………………… B

**希少生物保全《ほぜん》ボランティア**

福井県両生爬虫類研究会《ふくいけんりょうせいはちゅうるいけんきゅうかい》

………………… 14 ページ

**外来生物防除《ぼうじょ》ボランティア**

生態工房《せいたいこうぼう》

………………… 10 ページ

**地域《ちいき》により密着《みっちゃく》した活動がしたい？**

はい …………………………… A

いいえ ………………………… B

**リサイクル活動ボランティア**

中部《ちゅうぶ》リサイクル運動市民《うんどうしみん》の会《かい》

………………… 28 ページ

**食品ロス対策《たいさく》ボランティア**

日本《にほん》もったいない食品《しょくひん》センター

………………… 24 ページ

**どちらに興味《きょうみ》がある？**

身近な自然 ………………… A

地球全体の環境《かんきょう》 ………… B

**里山体験教育ボランティア**

里山倶楽部《さとやまくらぶ》

………………… 38 ページ

**環境政策提言《かんきょうせいさくていげん》ボランティア**

気候《きこう》ネットワーク

………………… 34 ページ

# 第1章

# 生物多《た》様《よう》性《せい》をまもる

## 生物多様性《たようせい》とは

わたしたち人間もふくめて、地球上にすむ生物は1種類だけで完結して生きているのではなく、みんながささえあい、バランスをたもって生きています。これを「生態系《せいたいけい》」といいます。そして、生態系のなかの生物がバラエティにとんでいることが「生物多《た》様性《ようせい》」です。生物多様性が失われるということは、わたしたち人間にも影響《えいきょう》が出るということなのです。

生物多様性は、「生態系の多様性」「種《しゅ》の多様性」「遺伝子《いでんし》の多様性」の3つからなりたっています。

「生態系の多様性」とは、森や山や川などの自然環境《かんきょう》の種類がゆたかであることです。また、「種の多様性」とは、生態系のなかにくらす動物や植物の種がたくさんあること、そして「遺伝子の多様性」は、種にさまざまな個性《こせい》があるということです。

国際《こくさい》機関や国だけでなく、多くのボランティアが生物多様性保全《ほぜん》のために活動を行っています。

知床《しれとこ》連山を背景《はいけい》に根室海峡《ねむろかいきょう》を泳ぐシャチ。知床は生物多様性《たようせい》が評価《ひょうか》され、2005年に世界自然遺産《いさん》に登録された。

Ⓒ朝日新聞社

15 陸の豊かさも守ろう

## 外来生物防除《ぼうじょ》ボランティア

# 外来生物を防除《ぼうじょ》し、日本本来の生物多様性《たようせい》をまもる

## 生態工房《せいたいこうぼう》

人間の活動によって、本来すんでいない地域《ちいき》に移動《いどう》させられた生きものを外来生物といいます。外来生物がふえると地域に昔からいた在来種《ざいらいしゅ》と、えさやすむ場所を確保《かくほ》するための競争が起き、生態系《せいたいけい》はこわされ、本来の生物多様性《たようせい》が失われていきます。公園の池や城の堀《ほり》などでも、外来生物は大きな問題となっています。外来生物を駆除《くじょ》することで、本来の生物多様性をとりもどす活動が行われています。

### 自然をとりもどした公園をめざす

「生態工房《せいたいこうぼう》」は、1998年、５人の大学院生たちによって設立《せつりつ》された団《だん》体《たい》です。当時５人の学生たちは、東京都練馬区《ねりまく》の都立光《ひかり》が丘《おか》公園にある野鳥保護《ほご》区のボランティアをしていました。そこで自然が保護されているはずの野鳥保護区でさえ外来生物がたくさんいることに問題を感じ、なんとか在来種《ざいらいしゅ》がいたもとの自然環境《かんきょう》にもどすことができないかと思ったのが設立のきっかけです。

最初はNPO法人ではなく、仲間どうしが集まる任意《にんい》団体としてのスタートでした。スタート当初は、外来生物の駆除《くじょ》方法などもわからなかったので、本から情報《じょうほう》を得《え》たり、学会や研究会に参加したりして、問題になっている外来生物、たとえばブラックバスやアカミミガメ、セイタカアワダチソウなどの生態《せいたい》を学び、外来生物の駆除活動を行いました。

活動をはじめて３年で野鳥保護区内の池にいたブラックバスを完全に駆除するなど、光

### 団体《だんたい》データ

| | |
|---|---|
| 団体名称《だんたいめいしょう》 | 認定《にんてい》NPO法人 生態工房《せいたいこうぼう》 |
| 設《せつ》立《りつ》 | 1998年（2002年にNPO法人化） |
| 所《しょ》在《ざい》地《ち》 | 東京都武蔵野市吉祥寺本町《むさしのしきちじょうじほんちょう》<br>4-9-22 フラットK101 |
| 電《でん》話《わ》 | 0422-27-5634 |
| ファクス | 0422-27-5634 |
| メール | eco@eco-works.gr.jp |
| ホームページ | https://eco-works.gr.jp/ |

が丘公園で多くの成果を上げていった結果、生態工房の活動が広く知られるようになりました。そして、東京都の都立公園を管理する東京都公園協会からの依頼《いらい》で、外来生物の問題に頭をなやませていたほかの公園でも外来生物の駆除を行うようになり、活動の場が広がっていきました。

生態工房は、2010年に認定《にんてい》NPO法人となって、いまにつづいています。

外来生物捕獲用《ほかくよう》のわなを修理《しゅうり》するのも生態工房《せいたいこうぼう》のメンバーの仕事です。

## 駆除《くじょ》するだけではなく 多くの人に問題点を伝えることが大事

生態工房《せいたいこうぼう》は、東京都立の公園などから業務《ぎょうむ》をうけおうかたちで、外来生物の防除《ぼうじょ》活動を行っています。その活動には大きく分けて二つあります。

一つは、外来生物であるアカミミガメやザリガニの駆除《くじょ》です。駆除は、わなを使って生けどるという方法を用います。わなは市販《しはん》のものを使うこともありますが、その地域《ちいき》に合ったわなでないと、うまくつかまえることができない場合もあるので、おもに生態工房で手づくりしたものを使っています。

アカミミガメの駆除は、生態工房の設立《せつりつ》当初からずっと行っていた活動です。当時からアカミミガメの駆除には大きな問題がありました。それは、人びとのカメに対する認識《にんしき》です。日本では、カメはペットというイメージが強いので、外来生物だからといって、駆除することにはどうしても心理的な抵抗《ていこう》が強く、苦情《くじょう》の声もあったといいます。とはいえ、アカミミガメは大食漢です。池で数多く繁殖《はんしょく》してしまうと、水草を食べつくすばかりか、ときにはカルガモのヒナまで食べてカルガモの一家を全滅《ぜんめつ》させてしまうこともあります。

生態工房では、ただアカミミガメを駆除す

### アカミミガメ

本来アメリカの中南部の淡水《たんすい》に生息するカメ。日本ではミドリガメとして、子どものカメがペットショップなどで売られている。最大で30センチ近くまで成長するため、飼《か》いきれなくなって、池や堀《ほり》などにすてられ、繁殖《はんしょく》して問題になっている。

### 事務局長《じむきょくちょう》の佐藤方博《さとうまさひろ》さんに聞きました

外来生物など、自然環境《かんきょう》のなかで問題になっていることはいくつもあります。こうした問題に関心をもちながらも、どうすればいいかわからず、残念な気持ちをかかえて眺《なが》めているしかないという人も多いと思います。ですが、アカミミガメの駆除《くじょ》がそうだったように、解決《かいけつ》できる方法はきっとあります。自分に何ができるかを考えたり、情報《じょうほう》を集めたりしてみてください。きっとどんな活動をすればいいのかの答えは見つかるはずです。

るだけでなく、アカミミガメの生態《せいたい》や駆除《くじょ》の必《ひつ》要性《ようせい》など、公園をおとずれた人たちに解説《かいせつ》する環境《かんきょう》教育も行っています。こうした努力により、いまでは駆除への理解《りかい》が進んでいます。

もう一つは、かいぼりによる自然環境の改《かい》善《ぜん》です。かいぼりとは、池の水をいったんぬいて池の底を空気にふれさせることで、よどんだ池の底の自然環境を回復《かいふく》させることです。水をぬくので、同時にブラックバスなどの外来生物をいっせいに駆除することもできます。ただし、1回やればよいというものではなく、池底を回復させるためには、数年おきに定期的に行う必要があります。

生態工房《せいたいこうぼう》は数多くの公園でかいぼりを行っていますが、いちばん有名なのは、2014年から行われている東京都武蔵野市《むさしのし》と三鷹市《みたかし》にまたがる都立井《い》の頭恩賜《かしらおんし》公園の井の頭池での活動です。井の頭恩賜公園が2017年に開園100周年をむかえることをきっかけに、きたなくなった井の頭池をよみがえらせるプロジェクトです。すでにかいぼりで実績《じっせき》のあった生態工房が依頼《いらい》を受け、生態工房の指導《しどう》のもと、多くの市民がボランティアとして参加します。

## 協力ボランティアの声

**井《い》の頭《かしら》かいぼり隊　中山貴子《なかやまたかこ》さん**

子どものころ親しんだ井《い》の頭《かしら》恩賜《おんし》公園。おとなになって足が遠のくと、たいへんな現状《げんじょう》を知る機会もありませんでした。そんなとき、かいぼりが行われるニュースを聞き、「自分もやってみたい！」という好奇心《こうきしん》から参加しました。かいぼりの結果、明らかに環境《かんきょう》が変化し、生きものがふえた池に感動しています。仲間たちや興味《きょうみ》をもって声をかけてくれる人たちといっしょに「人と自然のかかわり」について考え、活動することで、この感動が広まり、伝わることを願っています。

かいぼりでは、泥《どろ》だらけになりながら、みんな楽しく活動しています。

広い池をかいぼりするために、たくさんのボランティアが参加します。

## 地域《ちいき》や行政《ぎょうせい》といっしょに全国の自然をよみがえらせる

生態工房《せいたいこうぼう》が活動をはじめて20年以上がたちました。地域《ちいき》のボランティアや東京都、区などの行政《ぎょうせい》といっしょに行ってきたとりくみの成果が出ている公園が、いくつもあります。しかし、生態工房としては、まだ満足できる状態《じょうたい》ではないといいます。できることなら、目につくかぎりの自然をとりもどしたいという願いをもっているからです。

また、外来生物駆除《くじょ》もかいぼりも、1回やればそれだけで自然がもとにもどるというものではありません。一つ一つの場所をていねいに見つづけながら、本来の自然環境《かんきょう》に近づける活動を、地域の人といっしょに継続《けいぞく》して行っていくことが大切です。

生態工房だけでは、その願いは達成できません。生態工房での成果をどんどん発信し、ほかの地域でもとりくみが広がっていってほしいと願っています。その先に、日本全国の自然がよみがえっていく、そんな夢《ゆめ》をもって、生態工房は活動をつづけています。

### 協力ボランティアの声

上尾水辺守《あげおみずべもり》　根本尚司《ねもとじょうじ》さん

おとなになると周囲《しゅうい》の目も気になり、魚とりのような子どものときに楽しんだ遊びがなかなかできません。そんなときに目にした、かいぼりのボランティア。「どうどうと魚とりができる！」と思い応募《おうぼ》しました。ボランティアには、考えかたや趣味嗜好《しゅみしこう》のにた人がたくさん集まっています。それだけでも楽しい！　さらに、活動をしているといろいろな学びがあり、おもしろ味があります。好きだからこそ楽しい。好きこそもののじょうずなれ、です。

環境《かんきょう》教育では写真やイラストなどを使って、わかりやすく説明します。

15 陸の豊かさも守ろう

希少生物保全《ほぜん》ボランティア

# 環境《かんきょう》を整えて、希少なアベサンショウウオをまもる

## 福井県両生爬虫類研究会《ふくいけんりょうせいはちゅうるいけんきゅうかい》

アベサンショウウオは、体長10センチほどの日本固有の小型《こがた》の両生類です。生息地は京都府、兵庫県、福井県、石川県のとてもせまい範囲《はんい》で、開発などによる近年の周辺環境《かんきょう》の変化によって、絶滅《ぜつめつ》が心配されている希少な生きものです。ここでは、このアベサンショウウオの産卵地《さんらんち》がとくに多く確認《かくにん》されている福井県で、保全《ほぜん》活動にとりくむ「福井県両生爬虫類研究会《ふくいけんりょうせいはちゅうるいけんきゅうかい》」の活動を紹介《しょうかい》します。

### 設立《せつりつ》のきっかけは福井県でのアベサンショウウオの発見

「福井県両生爬虫類研究会《ふくいけんりょうせいはちゅうるいけんきゅうかい》」は、小学校の先生をしていた長谷川巌《はせがわいわお》さんが設立《せつりつ》した組織《そしき》です。長谷川さんの「アベサンショウウオをまもりたい」という思いに賛同《さんどう》した人たちによって、ささえられています。設立のきっかけは、1993年に長谷川さんが、福井県でアベサンショウウオの生息を確認《かくにん》したことです。

アベサンショウウオは、1932年に京都府ではじめて発見され、新種のサンショウウオとしてみとめられました。その後、兵庫県でも発見されましたが、それ以降《いこう》、新しい生息地が発見されないまま、1990年代に入りました。そして、当時の環境庁《かんきょうちょう》（現在《げんざい》の環境省）が1991年に編《へん》成《せい》したレッドリストでは、もっとも絶滅《ぜつめつ》リスクの高い絶滅危惧ⅠA類に分類され、1995年には、「絶滅のおそれのある野生動植物の種の保存《ほぞん》に関する法律《ほうりつ》（1992年制定《せいてい》）」に、国内に生息する両生類として唯一《ゆいいつ》指定されました。

団体《だんたい》データ

| | |
|---|---|
| 団体名称《だんたいめいしょう》 | 福井県両生爬虫類研究会《ふくいけんりょうせいはちゅうるいけんきゅうかい》 |
| 設《せつ》　立《りつ》 | 1998年 |
| 所《しょ》在《ざい》地《ち》 | 福井県越前市葛岡町《えちぜんしくずおかちょう》2-6 |

アベサンショウウオと卵《たまご》。カエルの卵のようにゼリー状《じょう》のものに包まれていて、なかには30～100の卵があります。

長谷川さんが福井県でアベサンショウウオの生息を確認したのは、1993年のことでした。当時、長谷川さんは、電力会社の委託《いたく》を受け、福井県あわら市で、新しくつくる変電所が環境に影響《えいきょう》をおよぼさないかどうか調査《ちょうさ》していました。そして、その調査の最中、建設《けんせつ》予定地近くの丘陵《きゅうりょう》地帯でアベサンショウウオの赤ちゃんを見つけたのです（アベサンショウウオであると正式に証明《しょうめい》されたのは1998年)。数十年ぶりに、アベサンショウウオの新しい生息地が確認されたのです。希少な生物が身近な場所にすんでいることを知った長谷川さんは、いまのままではやがて絶滅してしまうと思い、1996年にアベサンショウウオの保全《ほぜん》活動をするために、賛同してくれた人たちといっしょに、福井県両生爬虫類研究会の前身「福井県《ふくいけん》アベサンショウウオを守《まも》る会《かい》」を設立しました。

1998年、福井県両生爬虫類研究会と名称《めいしょう》を変え、アベサンショウウオの生息地調査を行いました。アベサンショウウオは、体長10センチほどで、ふだんは森のなかにすむ夜行性《やこうせい》の生きものです。寒い11月から1月にかけて、落ち葉や枯《か》れ木などが積もり、湧水《ゆうすい》によってできた浅めの淵《ふち》や溝《みぞ》に産卵《さんらん》します。そのため、発見しづらい生きものです。長谷川さんたちが、たんねんに福井県で生息状況《じょうきょう》を調べていくと、福井県嶺北《れいほく》西部や嶺南《れいなん》東部などで次つぎと産卵地を確認でき、福井県におけるアベサンショウウオの生息状況がわかりました。

その後、2004年に石川県の一部にもアベサンショウウオが生息していることがわかり、国内での生息地は京都府、兵庫県、福井県、石川県の１府３県で確認されました。

また、全国の産卵地のおよそ90パーセント以上が、福井県の越前市《えちぜんし》、あわら市、越前《えちぜん》町《ちょう》、若狭町《わかさちょう》、美浜町《みはまちょう》の２つの市と３つの町にあるということも明らかになりました。

### レッドリスト

絶滅《ぜつめつ》のおそれがある野生の動植物の種《しゅ》のリスト。国際《こくさい》自然保護《ほご》連合作成の国際的なリストと、環境省《かんきょうしょう》やNGO作成の日本独自《どくじ》のものがある。環境省のリストは５年ごとに見なおされ、最新の2020年版《ばん》では、3716種が絶滅危惧種《きぐしゅ》として記載《きさい》されている。

### 会長の長谷川巌《はせがわいわお》さんに聞《き》きました

自然界というのは、食物連鎖《れんさ》のなかでバランスをとってなりたっています。ですから、生物の多様性《たようせい》を保全《ほぜん》するためには、ただ絶滅危惧種《ぜつめつきぐしゅ》をまもればいいというわけではありません。たとえばアベサンショウウオをまもるには、エサになる生きものもまもる必要があります。何か１種類でも絶滅してしまうと、ほかの種の絶滅にもつながってしまうのです。ぜひこのことを知って、野生生物と仲よくともに生きていく社会の実《じつ》現《げん》をいっしょに進めていきましょう。

生息状況《じょうきょう》の確認《かくにん》と同時に、生息地となる地《ち》域《いき》の人たちといっしょに、保全《ほぜん》活動にもとりくみはじめました。保全活動では、長谷川《はせがわ》さんがべつに設立《せつりつ》した「水辺《みずべ》と生《い》き物《もの》を守《まも》る農《のう》家《か》と市民《しみん》の会《かい》」も大きな役割《やくわり》を果たしています。小学校とも連携《れんけい》し、子どもたちもいっしょに活動しています。小学校との活動は、2021年の「日本自然保護《ほご》大賞」に入選しました。

## アベサンショウウオの産卵地《さんらんち》をまもる

保全《ほぜん》活動は、おもに産卵地《さんらんち》の整備《せいび》です。荒《あ》れて卵《たまご》を産みにくくなった場所を、産卵期の前に、アベサンショウウオが好む場所につくり変える作業を行います。

産卵地の土地は、国や県、市町村、企業《きぎょう》が所有する場合もありますが、多くは個人《こじん》のもちものです。ですから、いくら希少な生きものをまもるためとはいえ、勝手に整備することはできません。まずは、持ち主に許《きょ》可《か》をもらう必要があります。多くの場合、貴重《きちょう》な生きものであることを理解《りかい》し、整備活動に協力してくれます。

産卵地の整備活動は、その地域《ちいき》の自治体の協力のもと、福井県両生爬《ふくいけんりょうせいは》虫類研究会《ちゅうるいけんきゅうかい》や土地の持ち主のほか、地域の住民と、「水辺《みずべ》と生《い》き物《もの》を守《まも》る農家《のうか》と市民《しみん》の会《かい》」の会員などによって行われます。また、地域の小学生も参加することがあります。近年では、小学生たちが保全《ほぜん》活動の大きな力になってくれています。

アベサンショウウオは、水が流れている場所は好まず、水たまりになっている場所に卵を産みます。こうした産卵地周辺の多くが、近年の開発や長期間の放置、そのほかごみの不法投棄《とうき》などによって、荒れてしまっている場合があります。そこで、山から流れてくる沢水《さわみず》が水たまりになるような溝《みぞ》をほって、そのまわりにもり土をして囲《かこ》みます。さらに、

### 会員の声

**奥野宏樹《おくのひろき》さん**

子どものころから生きものが大好きで、福井県両生爬虫類研《ふくいけんりょうせいはちゅうるいけん》究会《きゅうかい》の活動を知り、入会しました。以来、環境省《かんきょうしょう》の許可《きょか》を得《え》て、アベサンショウウオの産卵地《さんらんち》での定期的な観察をしたり、産卵地の保全《ほぜん》活動を行ったりしています。地元の小学生といっしょに活動することがよくあるので、子どもたちにアベサンショウウオが生きていける環境というのは、じつは人間にとっても重要な環境であるということを伝えていきたいと思っています。

### 絶滅《ぜつめつ》のおそれのある野生動植物の種《しゅ》の保存《ほぞん》に関する法律《ほうりつ》

希少な生物の種《しゅ》を保存《ほぞん》するための法律《ほうりつ》。指定された生物をとったり、売買したりした場合、罰則《ばっそく》が決められている。2022年2月現在《げんざい》、環境省《かんきょうしょう》のレッドリストに記《き》載《さい》されたもののうち、人間の影響《えいきょう》で生息や生育に問題のある427種の動植物が指定されている。

産卵地《さんらんち》の整備《せいび》では、廃材《はいざい》なども使い、産卵にてきした水たまりをつくります。

できた水たまりに木の枝《えだ》を入れて、外敵《がいてき》におそわれないように、かくれられる場所をつくります。こうして産卵地を整備すると、いなくなってしまったアベサンショウウオたちが、もどってきてくれるのです。

最近では、アメリカザリガニやアライグマによって食べられてしまう被害《ひがい》もふえつつあるので、生息地を囲うなど、害獣対策《がいじゅうたいさく》も重要です。

## 会員の声

副会長　夛田照代《ただてるよ》さん

活動に参加するきっかけは、「珍《めずら》しいサンショウウオが確認《かくにん》されたので調査《ちょうさ》を手伝《てつだ》ってもらえないか？」という長谷川《はせがわ》先生からの電話でした。雪のなか産《さん》卵《らん》するサンショウウオをさがしたり、冷たい水のなかに手を入れて卵《たまご》をさがしたりする調査でしたが、見つかると手のいたさや寒さもわすれるほどうれしかったです。活動に参加するようになって 20 年、そのあいだに里山の環境《かんきょう》がどんどん悪くなっていることを実感します。アベサンショウウオが安心して生息できる環境が残ってほしいと願っています。

## アベサンショウウオの保全《ほぜん》をずっとつづけるために

アベサンショウウオの保全《ほぜん》活動は、１回きりの整備《せいび》で終わるわけではありません。産卵《さんらん》地《ち》は５年もすればまたすぐに荒《あ》れてきてしまいます。定期的に整備をつづけていくことが必要です。また、生息が確認《かくにん》されている場所でも、土地の持ち主がわからなかったり、手つかずだったりして、まだ整備ができていない場所がいくつもあります。

これからもずっとアベサンショウウオの生育地を保全していくためには、この活動の大切さをもっと多くの人に知ってもらい、次の時代へと引きついでくれる後継者《こうけいしゃ》の育成が課題となります。そういう意味でも、長谷川《はせがわ》さんは小学生との活動にとても期待しています。

また、長谷川さんは、全国のアベサンショウウオの産卵地をまとめた最新の報告書《ほうこくしょ》をつくる準備《じゅんび》を進めています。

小学生たちとの整備《せいび》活動。多くの子どもたちが、希少種の保全《ほぜん》活動に責任感《せきにんかん》をもってとりくんでいます。

海洋環境《かんきょう》保全《ほぜん》ボランティア

# 沖ノ島《おきのしま》のアマモ場や森を再生《さいせい》し、海と山を循環《じゅんかん》する自然をとりもどす

## たてやま・海辺《うみべ》の鑑定団《かんていだん》

沖ノ島《おきのしま》は、千葉県館山市《たてやまし》に面した館山湾《たてやまわん》の南側にある陸つづきの島です。東京から自動車で 2 時間ほどで来られる距離《きょり》にもかかわらず、森や海辺の動植物など、自然ゆたかな場所です。しかし近年、台風などの影響《えいきょう》により、海底のアマモ場や島の森がきずつけられてしまっています。ここでは、沖ノ島のアマモ場や森の再生《さいせい》にとりくむ「たてやま・海辺《うみべ》の鑑定団《かんていだん》」の活動を紹介《しょうかい》します。

### 2014 年に海の自然が変化していることに気づく

「たてやま・海辺《うみべ》の鑑定団《かんていだん》」は、理事長の竹内聖一《たけうちしょういち》さんが設立《せつりつ》した団体《だんたい》です。地元では「海鑑（うみかん)」の愛称《あいしょう》で親しまれています。

海やつりが好きだった竹内さんは、あこがれの「海辺のくらし」をもとめて、2001年に東京の近郊《きんこう》にありながら自然ゆたかな千葉県館山市《たてやまし》に移住《いじゅう》しました。館山のホテルにつとめて観光客に館山のよさを伝えているうちに、自慢《じまん》できるすばらしい海が目の前にあるのに、じゅうぶんに

### 団体《だんたい》データ

| | |
|---|---|
| 団体名称《だんたいめいしょう》 | NPO法人 たてやま・海辺《うみべ》の鑑定団《かんていだん》 |
| 設《せつ》立《りつ》 | 2003 年（2004 年にNPO法人化） |
| 所《しょ》在《ざい》地《ち》 | 千葉県館山市沼《たてやましぬま》 979 海《うみ》からの贈《おく》り物館内《ものかんない》 |
| 電《でん》話《わ》 | 0470-24-7088 |
| ファクス | 0470-24-7088 |
| メール | info@umikan.jp |
| ホームページ | http://umikan.jp |

活用できていないと感じるようになりました。そして、この海や自然といった資源《しげん》を活用することで、地域《ちいき》をもっと活性化《かっせいか》させたいと考えた竹内さんは、海辺の観光資源を活用するための知識《ちしき》や技術《ぎじゅつ》を得《え》るために、2003年に観光協会が開催《かいさい》する「海辺の指導者《しどうしゃ》養成講座《こうざ》」を受講《じゅこう》しました。たてやま・海辺の鑑定団は、ここに集まった人たちを中心に立ちあげられました。

たてやま・海辺の鑑定団は、海とその周辺の自然を活用することで、自然環境《かんきょう》を持続可能《かのう》なかたちでまもりつたえていくという、エコツーリズムの実現《じつげん》をめざしていました。そのため、設立当初は沖ノ島《おきのしま》のエコツアーや、スノーケリングなどの自然体験プログラムを提供《ていきょう》する活動が中心で、直接的《ちょくせつてき》な環境保全《ほぜん》活動はそれほど行っていませんでした。しかし竹内さんは、自然を活用するだけでなく、保全をする必要もあることを実感したといいます。その思いがとくに強くなったのが、2014年に気づいた海底のアマモ場の減少《げんしょう》です。観察をつづけていくと、2016年にはほとんどすべてのアマモ場がなくなってしまいました。そこで、たてやま・海辺の鑑定団は、2016年から、アマモ場の再生《さいせい》活動をはじめました。

アマモは海底から生える海草で、アマモが群生するアマモ場は、多くの海洋生物が活動する海中のゆたかさの象徴《しょうちょう》のような場所です。ここがなくなると、海の生《せい》態系《たいけい》に大きな影響《えいきょう》をあたえることになります。アマモ場の減少の理由としては、台風の影響などいろいろな原因《げんいん》が考えられています。

また、2019年に千葉県を直撃《ちょくげき》した台風15号は、沖ノ島にも大きなつめあとを残《のこ》しました。島の森の木が、島の形が変わってしまうくらいなぎたおされてしまったのです。島の森は、降《ふ》った雨をミネラルなどの栄養が豊富《ほうふ》な水にして、海に供給《きょうきゅう》する大事な場所です。森を再生することは、海の環境保全にもつながります。このできごとをきっかけに、島の森の再生にもとりくむようになりました。

アマモ場は海のゆりかごといわれ、生きもののための保育場《ほいくば》となっています。　©朝日新聞社

## アマモ

浅い海底に生える海草で、ワカメやコンブなどの海藻《かいそう》とちがい、花《はな》をさかせて種子《しゅし》でふえる種子植物。群生して、アマモ場という大きな藻場《もば》をつくる。

### 理事長の竹内聖一《たけうちしょういち》さんに聞きました

©たてやま・海辺の鑑定団

自然環境《かんきょう》をまもるためには、自分の身のまわりの自然の変化に気づくことが大切です。わたしたちが行うアマモ場や森の再生《さいせい》活動も、いつも海や森を見ていて、何かおかしいことが起きているという気づきからはじまっています。そのために、まずは自分自身を自然のなかに置いてみてください。自然体験イベントなどへの参加でもいいです。そして、ぜひ楽しみながらやってほしいと思います。楽しいからこそ、長くつづけられるのです。

## 協力ボランティアの声

### 荒川竜也《あらかわたつや》さん

千葉県の台風災害《さいがい》ボランティアへの参加をきっかけに、自然環境《かんきょう》の問題に興味《きょうみ》をもちました。自分でも何かしたいと思い、たてやま・海辺《うみべ》の鑑《かん》定団《ていだん》の活動に参加しました。海や森の観察や再生《さいせい》活動には、たくさんの人が協力してくれます。みなさん汗《あせ》をかきながら、笑顔《えがお》でがんばっています。すぐに結果は出ないかもしれませんが、「一人《ひとり》の百歩より百人の一歩」です。自然ゆたかな未来のために、わたし自身も学びながら、みなさんと努力したいと思っています。

地元の人たちの手で、アマモの苗《なえ》が植えられていきます。

©たてやま・海辺の鑑定団

沖ノ島《おきのしま》をより自然に近い状態《じょうたい》にするために、土中にうまっていた公園の道路のコンクリートをとりのぞいています。

©たてやま・海辺の鑑定団

## 地域《ちいき》の人たちと協力して、環境保全《かんきょうほぜん》活動を行う

たてやま・海辺《うみべ》の鑑定団《かんていだん》の環境保全《かんきょうほぜん》活動には、先にのべたように、アマモ場の再生《さいせい》活動と、沖ノ島の森の再生活動があります。

アマモ場の再生活動は、館山市《たてやまし》の行政《ぎょうせい》や漁協、地元のダイビングスクール、大学の研究機関などのいくつもの団体《だんたい》や、地元の高校生たちと共同作業で行っています。

アマモ場を再生するには、海底にアマモを移植《いしょく》する必要があります。このアマモの移植は、４つのサイクルで行われ、ほぼ１年がかりの活動です。

まず、５～６月の開花にあわせてアマモの花枝《かし》を採集《さいしゅう》します。次に、集めた花枝を海水のなかに沈《しず》めて、数か月熟成《じゅくせい》させます。９月になると熟成した状《じょう》態《たい》から種ができているので、それを集めてよいものを選別します。11月にその種をプランターにまき、海水の入った水そうに沈めておくと、１月ごろ発芽します。それを５月まで育ててアマモの苗《なえ》をつくり、海底に移植するのです。このアマモの移植は2021年までに４回行われています。

沖ノ島の森の再生は、森の木がたおされた2019年の台風15号直後すぐにはじまりました。じつは、2013年には、すでに森の木がおかしいことに竹内《たけうち》さんたちは気づいていました。見た目にはわからないけれど、立ちがれを起こしていると思い、樹木医《じゅもくい》と島を見てまわった結果、たしかに木が弱っていることを確認《かくにん》したのです。ただ、このときは原因《げんいん》がわかりませんでした。

そして、2019年の台風15号で木がたおされたときに、専門家《せんもんか》に調査《ちょうさ》を依頼《いらい》したところ、島にしかれ

たコンクリートの道路や、建てものなどの人工建築物《けんちくぶつ》が原因で島の土壌《どじょう》が乾燥《かんそう》していたために、水分補給《ほきゅう》がうまくいかず、木が弱っていたことがわかりました。そこに強烈《きょうれつ》な台風15号が直撃《ちょくげき》したために、木がいっきになぎたおされてしまったのです。

アマモ場の再生もそうですが、自然の再生は短い時間でかんたんにできることではありません。たてやま・海辺の鑑定団では、50年後の森を見すえて、行政の理解《りかい》のもと、沖ノ島にある公園のコンクリートの道路をはがし自然に近い道にするなどして、島の土壌からつくりなおすことをはじめました。この活動にも、ほかのNPO法人や地元の高校生たちなど、多くの人たちが加わり、いっしょに連携《れんけい》して行っています。

### 協力ボランティアの声

**松田莉奈《まつだりな》さん**

海にかかわるスポーツがしたくて、たてやま・海辺《うみべ》の鑑《かん》定団《ていだん》にスノーケリングの体験プログラムがあると聞いて連《れん》絡《らく》をとったのが参加のきっかけです。いまは、沖ノ島《おきのしま》の森の再生《さいせい》活動などにかかわっています。みなさんと行動を共にしたり、再生にかける思いをうかがったりすると、このすてきな環境《かんきょう》をまもりたいという気持ちが強くなります。自分からもSNSなどを通じて沖ノ島のすばらしさを発信し、環境保全《ほぜん》活動の役にたてたらいいなと思っています。

## 南房総《みなみぼうそう》全体の自然の復活《ふっかつ》をめざして

2016年からはじめたアマモ場の再生《さいせい》ですが、いまはまだうまくいっているとはいいがたい状況《じょうきょう》です。これまでに移植《いしょく》したアマモは、魚に食べられてしまうなど、なかなか根づいてくれません。しかし、竹内《たけうち》さんをはじめとする、たてやま・海辺《うみべ》の鑑定団《かんていだん》のメンバーや、いっしょに活動する人たちは、けっしてあきらめてはいません。これまでの経験《けいけん》をふまえて、魚に食べられないように移植した場所を囲《かこ》ったり、移植の時期をずらしたりするなど、いろいろなくふうをしながら、よりよい方法をさぐりつづけていく予定です。

また、これからの大きな目標として、アマモ場や沖ノ島《おきのしま》の森の再生活動でつちかった経験を、館山《たてやま》市《し》の海辺にかぎらず、南房総《みなみぼうそう》という広い地域《ちいき》の環《かん》境保全《きょうほぜん》活動と連動させていきたいと考えています。

そして、今後も地域の人びとと協力して活動し、南房総の海、里山、海岸の森が、広く循環《じゅんかん》する自然をとりもどせることを願っています。

アマモの苗《なえ》を移植《いしょく》した場所を、魚からまもるために囲《かこ》いをしています。

©たてやま・海辺の鑑定団

# 第2章

# 生活公害をふせぐ

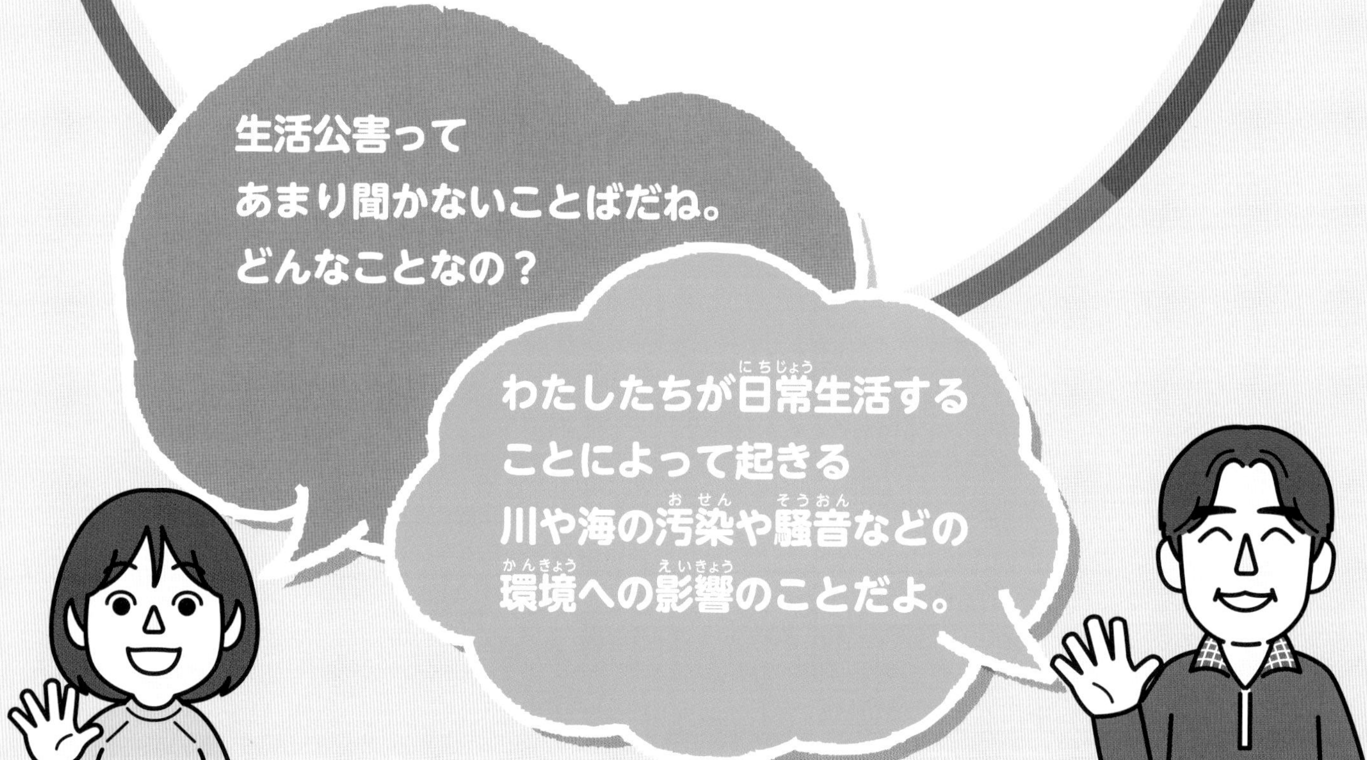

## 生活公害とは

公害というと、ふつうに生活しているわたしたちは、つねに被害者側《ひがいしゃがわ》にいるように思いがちですが、じつは、加害者側でもあるということを忘《わす》れてはいけません。

経済《けいざい》成長が進み、わたしたちがさまざまな道具を使って便利な生活を送るいっぽう、食べのこしや洗《せん》剤《ざい》などのまじった生活排水《はいすい》によって、川や海がよごれたり、自動車の排出ガスによって大気汚染《おせん》が起きたりしています。また、ごみのうめたてによる土壌《どじょう》の汚染も大きな問題です。近年では、プラスチック製品《せいひん》が引きおこすマイクロプラスチックの問題もあります。これら、わたしたちの生活が原因《げんいん》となって起きる公害が、生活公害です。

こうした生活公害を解決《かいけつ》しようと、生活者の立場から自分たち自身の問題として、数多くのボランティアが活動しています。

廃棄《はいき》されたパンを回収《かいしゅう》する人たち。なかには賞《しょう》味期限《みきげん》のすぎていないパンも数多くある。

Ⓒ朝日新聞社

1 貧困をなくそう

12 つくる責任 つかう責任

## 食品ロス対策《たいさく》ボランティア

# あまった食品の販売《はんばい》と寄付《きふ》を行い、食品ロスをなくす

## 日本《にほん》もったいない食品《しょくひん》センター

日本では、さまざまな理由により、まだ食べられる食品が年間570万トン*も大量に廃棄《はいき》されています。これが食品ロスといわれ、大きな問題となっています。食品メーカーやレストラン、スーパーなどでも、事業者の責任《せきにん》として食品ロスをなくすとりくみを行っていますが、「日本《にほん》もったいない食品《しょくひん》センター」のような、市民の立場から食品ロスをなくす活動を行う団体《だんたい》もあります。

### 「もったいない」の気持ちで食品ロスと貧困《ひんこん》を解決《かいけつ》する

「日本《にほん》もったいない食品《しょくひん》センター」は、大阪府で商社をいとなむ高津《こうず》博《ひろ》司《し》さんが設立《せつりつ》した団体《だんたい》です。2017年にNPO法人になりました。

高津さんの会社は、電気製品《せいひん》やおもちゃ、食品などいろいろな商品をあつかう総合《そうごう》商社です。そんな高津さんが日本もったいない食品センターを設立したきっかけは、二つあります。一つは食品ロスの問題を目《ま》の当たりにしたこと。もう一つは貧困《ひんこん》の実態《じったい》を知ったことです。

あるとき、高津さんのもとに、食品業者から大量のお菓子《かし》を買わないかという打診《だしん》がありました。高津さんは、値段《ねだん》も安く、自分が好きなお菓子だったこともあって、ぜひ買いたいと思いました。しかし、賞味期限《しょうみきげん》が近く、いちどに何万個《なんまんこ》もの数を購入《こうにゅう》することが条件《じょうけん》だったため、売りきることがむずかしいと考えました。一部を福祉施設《ふくししせつ》に寄贈《きぞう》することも

### 団体《だんたい》データ

| | |
|---|---|
| 団体名称《だんたいめいしょう》 | NPO法人<br>日本《にほん》もったいない食品《しょくひん》センター |
| 設《せつ》　立《りつ》 | 2017年（設立と同時にNPO法人化） |
| 所《しょ》　在《ざい》　地《ち》 | 大阪府摂津市鳥飼上《せっつしとりかいかみ》3-10-38<br>(株《かぶ》) 翔樹《しょうき》ロジスティクス内 |
| 電《でん》　話《わ》 | 072-657-7967 |
| ファクス | 072-657-7923 |
| ホームページ | https://www.mottainai-shokuhin-center.org/ |

*農林水産省の2019年の調査《ちょうさ》による。このうち309万トンが事業系《じぎょうけい》食品ロス、261万トンが家庭系食品ロス。

考えましたが、量が多すぎました。けっきょく、高津さんはこのお菓子の購入を断念《だんねん》し、お菓子は食品業者によって廃棄処分《はいきしょぶん》されたと聞きました。食品ロスを目の当たりにした高津さんは、「もったいない」と感じ、この問題に強く関心をいだくようになりました。

またべつの機会に、賞味期限の近い大量の食品を買わないかという打診がありました。高津さんはこのとき、あらためてどうにかできないかと考え、自分たちで通信販売《はんばい》などを活用して売ることを思いつきました。商社として小売店に食品を卸《おろ》す場合、量が多すぎると買いとってくれるお店がなかなかないため、大量に売れのこってしまいます。しかし、自分たちでも小売りをしたところ、あまりを最小限《さいしょうげん》にできたうえ、あまった分を福祉施設に寄贈することもできました。

ecoeat《エコイート》の倉庫には、大量に食品が運ばれてきます。

貧困の実態を知ったのは、あまった食品を寄贈するために福祉施設に足を運んでいるときのことでした。ゆたかな日本といわれるのに、ふつうに食べることのできない子どもたちが、こんなにもいるのかと知ったのは衝撃《しょうげき》でした。そして同時に、まだ食べられるのに食品ロスとして廃棄されてしまう食品を、貧困に苦しむ人たちに提供《ていきょう》することで、食品ロスと貧困の問題がいっきに解決《かいけつ》するのではないか、と思ったのです。

こうして設立された日本もったいない食品センターですが、廃棄されそうな食品を引きとって、必要とされる人に提供するには、輸《ゆ》送費《そうひ》や倉庫代など多くの費用《ひよう》が必要です。そこで高津さんは、店をつくり、賞味期限の近い食品を安く売ることで、活動資金を得《え》るしくみを考えました。ecoeat（エコイート）と名づけられたこの店が、日本もったいない食品センターの中心的な活動となります。現在《げんざい》、大阪府を中心に全国で14店舗《てんぽ》*展開《てんかい》しています。日本もったいない食品センターの活動は非営利《ひえいり》ですが、ecoeat《エコイート》ではたらくスタッフは有給の職員《しょくいん》で、ボランティアではありません。

### 代表理事の高津博司《こうずひろし》さんに聞きました

わたしたちが毎日食べているものは、製造《せいぞう》や生産、調理した人たちが、みなさんにおいしく食べてもらおうと真剣《しんけん》に考え、努力してつくられています。まずはそれを想像《そうぞう》して、その人たちに感謝《かんしゃ》の気持ちをもつことが大事です。食べきれなかったものは、おいしさを維持《いじ》できる方法を理解《りかい》して、正しく保存《ほぞん》しましょう。それができないと、わたしたちは価値《かち》あるもの（とくに食品）を知らずにすて、税金《ぜいきん》を使って焼却処分《しょうきゃくしょぶん》しているのです。二重にもったいないですよね。

＊2022年2月末現在。

## ecoeat《エコイート》スタッフの声

大津瀬田店《おおつせたてん》店長
森本章裕《もりもとあきひろ》さん

ecoeat《エコイート》には、毎日たくさんの商品が入荷《にゅうか》します。まだ食べることができるのに、廃棄《はいき》されるかもしれなかった食品がこんなにもたくさんあることを目《ま》の当たりにして、あらためてもったいないと感じます。日ごろの業務《ぎょうむ》では、ご来店していただいたお客様にも、こうしたことを実感していただき、賞味期限《しょうみきげん》がすぎた食品でも安全で安心して食べられることや、ご家庭でもできる食品ロス削《さく》減《げん》の方法を伝えるということを心がけています。

## ただ売るだけでなく 食品ロスの啓発《けいはつ》活動も行う

日本《にほん》もったいない食品《しょくひん》センターの商品を保《ほ》管《かん》する倉庫には、生産業者などから賞味期限《しょうみきげん》が近づいたり、販売《はんばい》するための規格《きかく》に合わなかったりして、そのままでは廃棄《はいき》するしかない多くの食品が毎日運ばれてきます。その量は、月に100トンほどもあります。

運ばれてきた食品は、倉庫で仕わけされ、店舗《てんぽ》に配送されます。とりあつかう食品で高《こう》津《ず》さんがこだわっているのは、安全に食べられるというのはもちろんのこと、おいしく食べられるということです。賞味期限のついている食品は、その期限をすぎても食べることはできます。しかし、時間がすぎていけばいくほど、味は落ちてしまいます。そのため、ecoeat《エコイート》では、なるべく早く、なるべくおいしく食べられる期間内に売りきることをめざしています。

おいしく食べられる期間は、食品の種類によってさまざまです。また、賞味期限が近かったり、賞味期限がすぎていたりするものは、お客さんも買うのをためらってしまいます。

ecoeatでは、ただそうした食品を売るだけでなく、消費《しょうひ》期限と賞味期限のちがいや、いつまでなら安心して食べることができるのか、安全に保管するにはどうすればいいのか、どのように調理すればおいしく食べられるのかといったことをお客さんに伝えています。

食品についての知識《ちしき》を広めることで、廃棄されるはずの食品を安心して買ってもらいながら、食品ロスをへらすための啓発《けいはつ》活動も行っているのです。このようにecoeatのスタッフには、食品に関する深い知識が必要です。そのため、スタッフは食品ロスに関する特別なテストに合格《ごうかく》してからでないと、お店に立つことはできません。

日本もったいない食品センターでは、福祉施設《ふくししせつ》や、貧困《ひんこん》に苦しむ人たちへの食料品支援《しえん》も行っています。毎月5～10の団体《だんたい》と、200世帯ほどの家庭にecoeatから支援食品を発送しています。ecoeatは、支援

### 賞味期限《しょうみきげん》と消費《しょうひ》期限

店で買う加工食品には賞味期限か消費期限がある。品質が悪くなりにくい食品につけられるのが賞味期限で、おいしく食べることのできる期限。期限をすぎてもしばらくは食べることができる。消費期限は弁当《べんとう》やパックづめの食肉など品質の悪くなりやすい食品につけられ、期限をすぎたら食べるのをさけたほうがよい。

活動の活動費《かつどうひ》を得《え》るだけでなく、支援物資《ぶっし》の発送拠点《きょてん》にもなっているのです。

## 貧困《ひんこん》をなくすための教育事業を

日本《にほん》もったいない食品《しょくひん》センターでは、全国にecoeat《エコイート》を出店していきたいと考えています。お客さんが少なく、商品が売れのこるようなところへの出店はむずかしいですが、全国に店舗《てんぽ》がふえれば、より効率的《こうりつてき》に輸送《ゆそう》などができるようになります。そうすることで費用《ひよう》がういて、その分、たとえば移動販売車《いどうはんばいしゃ》や出張《しゅっちょう》販売といった方法で、出店しにくい地域《ちいき》をフォローすることもできるようになります。

### ecoeat《エコイート》スタッフの声

**大津瀬田店《おおつせたてん》スタッフ（社員）**
**小西請侍《こにしせいじ》さん**

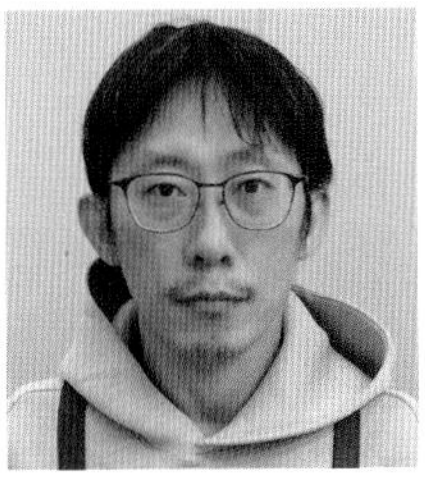

商品が売れのこって食品ロスが起きる理由には、値段《ねだん》が高すぎる、商品アピールが足りないなど、さまざまあると思います。接客《せっきゃく》では、食品のおいしさだけでなく、おいしく食べられる調理方法などを、お客様に提案《ていあん》しています。大津瀬田店《おおつせたてん》は、まだまだ地域《ちいき》に根ざしておらず、食品ロスショップと認識《にんしき》されていないように感じています。お客様への啓発《けいはつ》活動にとりくみ、食品ロスショップだと認識してもらい、食品ロスの削減《さくげん》に貢献《こうけん》したいと思っています。

また、貧困《ひんこん》をなくすという、もう一つの大きな目的のために、教育事業を行いたいとも考えています。

子どもたちは家庭を選んで生まれてくることはできません。このゆたかな日本にも、いまだに満足のいく教育を受けることがむずかしい、貧困家庭に生まれた子どもが数多くいます。教育は、勉強で得《え》られる知識《ちしき》だけでなく、人生に多くの選択肢《せんたくし》をもつためにも重要です。貧困家庭に生まれた子どもたちに、人生を生きるうえで正しい情報《じょうほう》を伝えられるような教育を行い、すべての子どもたちが、将来《しょうらい》への夢《ゆめ》をもてるようになってほしいというのが、日本もったいない食品センターの願いなのです。

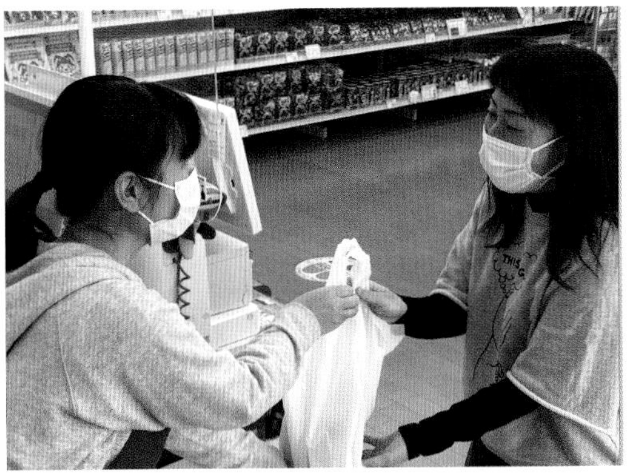
ecoeat《エコイート》のスタッフは、お客さんに食品の保存《ほぞん》方法などをアドバイスします。

毎年、数多くの福祉団体《ふくしだんたい》への食料品支援《しえん》を行っています。

12 つくる責任 つかう責任

リサイクル活動ボランティア

# リユース&リサイクルによって、市民の手で循環型《じゅんかんがた》社会をつくる

## 中部《ちゅうぶ》リサイクル運動《うんどう》市民《しみん》の会《かい》

持続可能《かのう》な社会をめざすうえで、３R《スリーアール》（リデュース・リユース・リサイクル）は、わたしたちが身近でとりくむことのできる活動の一つです。市区町村のごみ収集《しゅうしゅう》でも、リサイクルできるものを分別するなどのとりくみはかなり進み、リサイクルショップなどもふえ、リユースの動きも広まっています。「中部《ちゅうぶ》リサイクル運動《うんどう》市民《しみん》の会《かい》」は、こうした活動を市民の立場から行う団体《だんたい》です。

### 市民団体主導《だんたいしゅどう》のリサイクル運動

「中部《ちゅうぶ》リサイクル運動《うんどう》市民《しみん》の会《かい》」は、1980年に設立《せつりつ》された歴史《れきし》のある市民団体《だんたい》です。大量生産・大量消費《しょうひ》の社会に危機感《ききかん》をもった有志《ゆうし》が集まり、名古屋市《なごやし》で活動をはじめました。

当時は、あまりリサイクルということばも知られず、名古屋市でもリサイクル活動は行われていませんでした。そのため、最初は、町のごみや空《あ》き缶《かん》拾いからはじめました。ところがごみを拾っても、次の日にはまたごみがすてられているといった状況《じょうきょう》で、会員だけの活動では限界《げんかい》があると感じるようになりました。そこで、まずは、人《ひと》びとの意識《いしき》を変えることが課題ではないかと考え、空き缶や古本などを集めるイベントを行い、リサイクルについて考えてもらう機会をつくりました。これをきっかけに、1991年からは、スーパーなどの駐車場《ちゅうしゃじょう》を借りて、新聞、空き缶、空《あ》き瓶《びん》、古着などの資源《しげん》ごみを回収《かいしゅう》し、再資源化《さいしげんか》する「リサイクルステーション」の活動につなげていきました。

### 団体《だんたい》データ

| | |
|---|---|
| 団体名称《だんたいめいしょう》 | 認定《にんてい》NPO法人<br>中部《ちゅうぶ》リサイクル運動《うんどう》市民《しみん》の会《かい》 |
| 設《せつ》　立《りつ》 | 1980年（2000年にNPO法人化） |
| 所《しょ》　在《ざい》　地《ち》 | 愛知県名古屋市東区代官町《なごやしひがしくだいかんちょう》 39-18<br>日本陶磁器《にほんとうじき》センタービル５階《かい》 |
| 電《でん》　話《わ》 | 052-982-9079 |
| ファクス | 052-982-9089 |
| ホームページ | http://es-net.jp/ |

リユース&リサイクルステーションでは、市民リサイクラーと、不用品をもってきてくれた人たちとの交流がたくさんあります。

そんななか、1999年に名古屋市のごみのうめたて地が限界《げんかい》に近づき、当時の名古屋市長が「ごみ非常事態宣言《ひじょうじたいせんげん》」を出すほどの大きな問題が発生しました。名古屋市は2年間で20パーセントのごみ減量《げんりょう》をめざしました。そして、実績《じっせき》のあった中部リサイクル運動市民の会のしくみをとりいれ、リサイクルステーションをふやしたり、新しく資源ごみの回収をはじめたりして、リサイクルにとりくみました。その結果、2年間で目標以上の23パーセントのごみ減量を達成することができました。大都市は、住民の出入りがはげしく、ごみ問題の解決《かいけつ》はむずかしい場所ですが、こうしたとりくみの結果、名古屋市はごみの分別でほかのどの地域《ちいき》よりも進んでいる都市となりました。

この行政《ぎょうせい》との協力関係はいまもつづいています。リサイクルのとりくみは、行政主導《しゅどう》で行う地域が多いなか、名古屋市のように中部リサイクル運動市民の会のような「市民団体」が中心になって行うケースは、全国でもめずらしい例です。

こうしてリサイクル運動が進んでいくなか、リサイクルステーションで活動するボランティアが、まだ使えるものが、資源ごみとしてステーションにもちこまれていることに気づきました。資源ごみをリサイクルするには、お金もエネルギーも必要です。まだ使えるものであれば、必要な人に安い値段で売り、地域のなかで循環《じゅんかん》させて、その利益《りえき》で地域の環境《かんきょう》活動や社会貢献《こうけん》活動に使いたい。そんな考えのもと次のステップとして、リユースにとりくむことにしました。1991年にはじめたリサイクルステーションを、リユース&リサイクルステーションという名称《めいしょう》に変え、資源ごみだけでなく、まだ使える不用品も寄付《きふ》

### 3R《スリーアール》

リデュース（REDUCE：廃棄物《はいきぶつ》をもとからへらすこと）、リユース（REUSE：不用品を再使用《さいしよう》する）、リサイクル（RECYCLE：廃棄物を再資源化《さいしげんか》する）の総称《そうしょう》。循環型《じゅんかんがた》社会を実現《じつげん》するために必要なとりくみ。

### 事務局長《じむきょくちょう》の和喜田恵介《わきたけいすけ》さんに聞きました

循環型《じゅんかんがた》社会を実現《じつげん》するには、法律《ほうりつ》や制《せい》度《ど》を整《ととの》えることも大切ですが、家庭での行動も大きな影響《えいきょう》をあたえます。家庭で出されるごみを見て、どうしてこれがごみになったのだろう、だれか使える人はいないのだろうか、このごみはどうやって処理《しょり》するのだろう、こういったことを考えることが大切です。行動にうつすことができればさらにすばらしいことです。自分の生活を見なおすという身近なところからも、循環型社会の実現に貢献《こうけん》することができるのです。

### ボランティアの声

**リユース＆リサイクルステーション**
**ボランティア　平松幸子《ひらまつさちこ》さん**

子ども会で役員をやったとき、資源回収《しげんかいしゅう》を担当《たんとう》していました。その任期《にんき》が終わったあとも、なんらかのかたちで資源回収に引きつづきかかわりたいと思ったことから、市民リサイクラーになりました。毎週1回ていど、ステーションに立ち、市民からもちこまれる資源ごみの受けいれ係をしています。現場《げんば》に立って市民の方とリサイクルについての話をしていると、ささやかながら自分が社会の一員としての役割《やくわり》をになっているのだと実感できて、うれしく思います。

というかたちで回収するようにしました。そして、2010年にそれらを低価格《ていかかく》で販売《はんばい》する「Re☆ショップ（リショップ）」を開きました。

## リユースとリサイクル活動の中心は市民ボランティア

中部《ちゅうぶ》リサイクル運動市民《うんどうしみん》の会《かい》の活動の大きな柱としては、リユース＆リサイクルステーションと、Re《リ》☆ショップの運営《うんえい》があります。すべての場所で、「市民リサイクラー」というボランティアが活躍《かつやく》しています。

リユース＆リサイクルステーションは、ショッピングセンターの駐車場《ちゅうしゃじょう》などを借りて定期的に開設《かいせつ》され、家庭から出される資源《しげん》ごみと不用品の回収《かいしゅう》を行っています。ステーションにはかならず市民リサイクラーがいます。市民リサイクラーは、ただもちこまれたものを回収するだけでなく、来てくれた人たちに、同じ市民の立場から、分別の方法や、回収品のリユースやリサイクルがこのあとどのようにして行われるかなどを説明し、環境《かんきょう》問題やごみをへらすことへの市民の意識《いしき》を高めています。

リユース＆リサイクルステーションやRe《リ》☆ショップにもちこまれた不用品のうち、まだ使えるものはRe☆ショップで販売《はんばい》されます。

ステーションにもちこまれた資源ごみは、リサイクルをするものはリサイクル業者に引きとってもらい、資源として再《さい》生《せい》されます。まだ使えるものは、Re☆ショップで販売します。

Re☆ショップは、日本ではめずらしい、「チャリティーショップ」という形態《けいたい》の店です。チャリティーショップは欧米《おうべい》ではごくふつうにあるもので、通常《つうじょう》のリサイクルショップとことなり、もちこまれた不用品を買いとるのではなく寄付《きふ》してもらいます。利益《りえき》を出すことが目的ではなく、利益を運営団体《だんたい》の目的（たとえば福祉《ふくし》や国際支援《こくさいしえん》など）のために使う、ということが特徴《とくちょう》です。Re☆ショップの利益は、地域《ちいき》の環境や社会貢献《こうけん》活動に使われています。このRe☆ショップの運営は、ほとんど市民リサイクラーにまかされていて、寄付されたものの仕わけから値づけ、販売まで行っています。ここでも、店のボランティアと買いものにやってきた市民とのあいだにコミュニケーションが生まれ、環境や社会貢献活動に関して、市民の意識を高めることにつながっています。

### ボランティアの声

**Re《リ》☆ショップ ボランティア**
**片木純子《かたぎじゅんこ》さん**

もともと環境《かんきょう》問題には関心があり、ごみのうめたてのために海や山がよごれてしまうことに心をいためていました。何をすればいいのかわからずにいたとき、買いものに行ったスーパーで、リサイクルステーションに出会いました。「自分がすべきはこれだ！」と思い、市民リサイクラーになりました。いまはRe《リ》☆ショップで、リユース品の販売《はんばい》を担当《たんとう》するボランティアをしていて、売り場で市民のみなさんとのコミュニケーションを楽しんでいます。

## リデュースによって適度《てきど》なリサイクルですむ社会に

中部《ちゅうぶ》リサイクル運動市民《うんどうしみん》の会《かい》では、現在《げんざい》行っている市民レベルのリユースとリサイクルのとりくみを、ほかの国にも広げていきたいと考えています。

とくに途上国《とじょうこく》では、行政《ぎょうせい》がごみを回収《かいしゅう》することすら、財政的《ざいせいてき》にきびしいところがあります。たとえ行政に予算がなくても、中部リサイクル運動市民の会がつちかってきた、市民が協力しあって行う資源《しげん》回収のしくみを活用することで、途上国のごみ問題を解決《かいけつ》できるかもしれません。

また、中部リサイクル運動市民の会の大きな目的は、社会のなかで３R《スリーアール》が根づくことです。そのためには、リユースとリサイクルだけではなく、廃棄物《はいきぶつ》（ごみ）をもとからへらすリデュースの活動にとりくむことも、将来的《しょうらいてき》な課題です。大量にリサイクルするのではなく、ごみをなるべくへらして適度《てきど》なリサイクルですむような社会が実現《じつげん》することを願って活動をつづけていきたいと考えています。

Re《リ》☆ショップのスタッフは、すべてボランティアです。

# 第3章

# 環境《かんきょう》教育を進める

# 環境《かんきょう》教育とは

環境《かんきょう》問題には、地球温暖化《おんだんか》や森林破壊《はかい》などの地球規模《きぼ》のものから、近所の山や林、海がごみなどで荒《あ》らされるなど、身近なものまでさまざまです。

ゆたかな自然環境を未来に引きついでいくためには、こうした環境問題を知り、自然環境を保全《ほぜん》するための方法や知識《ちしき》を得《え》たり、考えかたを知ったりして、わたしたち一人《ひとり》一人が具体的に活動することがとても大切です。文部科学省も、「国民が様々な機会を通じて環境問題について学習し、自主的・積極的に環境保全活動に取り組んでいくこと」が重要だとしています。また、環境教育を推進《すいしん》するための法律《ほうりつ》もつくられています。

最近では、学校のほか、企業《きぎょう》やボランティア団体《だんたい》が行政《ぎょうせい》と連携《れんけい》するなどして、さまざまなレベルでの環境教育を行っています。

1997年12月に京都議定書が採択《さいたく》されたCOP《コップ》 3（国連気候変動枠組条約《わくぐみじょうやく》第3回締約国《ていやくこく》会議／京都会議）の様子。

©朝日新聞社

環境政策提言《かんきょうせいさくていげん》ボランティア

# 脱炭素《だつたんそ》社会実現《じつげん》のために、市民の力を政策提言《せいさくていげん》に生かす

## 気候《きこう》ネットワーク

環境《かんきょう》問題を語るうえで、地球温暖化《おんだんか》は重要なキーワードです。地球の平均《へいきん》気温が上がりつづけると、地球規模《きぼ》での気候変動を引きおこし、地球環境を変えてしまいます。この地球温暖化のおもな原因《げんいん》は、石炭や石油などの化石燃料《ねんりょう》を燃《も》やすときに排出《はいしゅつ》される二酸化炭素《にさんかたんそ》といわれています。二酸化炭素を排出させない脱炭素《だつたんそ》社会へ向け、政府《せいふ》や企業《きぎょう》、市民などさまざまなレベルでの活動が行われています。

### 気候変動問題に対する政策提言《せいさくていげん》を行う団体《だんたい》

「気候《きこう》ネットワーク」は、1997年12月に京都府でCOP《コップ》3（国連気候変動枠組条約《わくぐみじょうやく》第3回締約国《ていやくこく》会議）が開催《かいさい》されることをきっかけに、前年の1996年、環境《かんきょう》問題にとりくむ全国約220の団体《だんたい》が協力してつくった「気候フォーラム」というネットワーク組織《そしき》が前身です。

COPとは、国際的《こくさいてき》な気候変動に対するとりくみを行っていこうという、国連気候変動枠組条約の締約国が年に1回開催する国際会議です。当時は地球温暖化《おんだんか》の問題は、世間ではそれほど大きな話題になっていませんでした。気候フォーラムでは、各団体が連携《れんけい》して市民に情報提供《じょうほうていきょう》を行ったり、国際的なNPOやNGO（非政府組織《ひせいふそしき》）と交流したり、環境問題に対する政府《せいふ》への提言《ていげん》をしたりするなど、COP 3の成功をめざして活動しました。

COP 3は無事に終了《しゅうりょう》し、先進国に「二酸化《にさんか》炭素《たんそ》をはじめとする温暖化の原因《げんいん》となる温室効果《こうか》ガスを、2008年から2012年のあいだに、1990年を基準《きじゅん》にして約5パーセント削減《さくげん》す

#### 団体《だんたい》データ

| | |
|---|---|
| 団体名称《だんたいめいしょう》 | 認定《にんてい》NPO法人 気候《きこう》ネットワーク |
| 設《せつ》立《りつ》 | 1998年（1999年にNPO法人化） |
| 所《しょ》在《ざい》地《ち》 | 京都府京都《きょうと》市《し》中京《なかぎょう》区《く》帯屋《おびや》町《ちょう》574 |
| 電《でん》話《わ》 | 075-254-1011 |
| ファクス | 075-254-1012 |
| メール | kyoto@kikonet.org |
| ホームページ | https://www.kikonet.org/ |

キャンペーンやシンポジウムなどで多くのボランティアやインターンが活躍《かつやく》。国際《こくさい》会議に参加することも。

ること」を義務《ぎむ》づける「京都議定書」の採択《さいたく》という大きな成果を得《え》ることができました。しかし、気候フォーラムに参加した人たちは、この活動を通して、日本の環境問題にとりくむ団体が、海外の環境問題解決《かいけつ》のために活動するNPOやNGOなどの団体にくらべると規模《きぼ》も実力もまだ足りず、社会的な影響力《えいきょうりょく》もおよばないことを痛感《つうかん》しました。

気候フォーラムは、COP 3の終了と同時に解《かい》散《さん》する、期間限定《げんてい》の組織でした。しかし「京都議定書」の採択は、環境問題解決へのスタートにしかすぎず、じっさいに各国が実行しなければ、問題は解決しません。気候フォーラムに参加したメンバーは、環境に関するさらなる問題解決を行うために、後継《こうけい》組織として1998年4月に気候ネットワークを設立《せつりつ》しました。

気候ネットワークのおもな活動は、政府や自治体に対して行う気候問題の政策《せいさく》提言です。政策提言とは、政策決定者に対して、課題の解決をするために必要な政策を提案《ていあん》することで、当時の日本では、政策提言を行うような市民団体はほとんどなかったため、手さぐりでのスタートでした。

それから20年以上、国際交渉《こうしょう》への参加や環境に関する調査《ちょうさ》・研究、市民への情報提供や環境教育、人材育成、全国的・国際的なネットワークづくり、そして政策提言と、地球温暖化防《ぼう》止《し》のために市民の立場から提言し、行動を起こし、また全国の市民・市民団体のネットワーク組織としての活動をつづけています。

### 脱炭素《だつたんそ》社会

地球温暖化《おんだんか》の原因《げんいん》となる、二酸化《にさんか》炭素《たんそ》などの温室効果《こうか》ガスの排出量《はいしゅつりょう》を、実質《じっしつ》ゼロにする社会のこと。実質ゼロとは、排出量と森林などによる二酸化炭素の吸収量《きゅうしゅうりょう》の差し引きがゼロということで、これを「カーボンニュートラル」という。カーボンニュートラルは、再生可《さいせいか》能《のう》エネルギーの活用や省エネの普及などによる排出量削減《さくげん》と同時に森林管理・植林などをしてめざす。

### 事務局《じむきょく》の田浦健朗《たうらけんろう》さんに聞きました

気候変動というのは、ほんとうに深刻《しんこく》な問題です。いっぽう世界では、脱炭素《だつたんそ》社会をめざし再生可能《さいせいかのう》エネルギー100パーセントをめざすという大きな転換《てんかん》がはじまっているところもあって明るい希望もあります。ぜひ、一人《ひとり》一人が身近な問題としてとりくんでほしいです。スウェーデンの環境《かんきょう》活動家グレタ・トゥーンベリさんのように、たった一人ではじめた活動であっても、世界全体に大きな影響《えいきょう》をおよぼすことだってできるのです。

## 国際《こくさい》社会、日本、地域《ちいき》から環境《かんきょう》問題にアプローチする

気候《きこう》ネットワークの活動は、国際《こくさい》社会、日本、地域《ちいき》という三つの視点《してん》からアプローチしているのが特徴《とくちょう》です。活動方針《ほうしん》としては、市民の立場から温暖化防止《おんだんかぼうし》や脱炭素《だつたんそ》社会の達

## 元ボランティア・インターンの声

**塚本悠平《つかもとゆうへい》さん**

大学4年生のとき、学生団《だん》体《たい》で気候変動対策《たいさく》を進めるための活動をしていましたが、専門《せんもん》的《てき》な知識《ちしき》やネットワークの限界《げんかい》を感じ、気候《きこう》ネットワークのボランティア・インターンに応募《おうぼ》しました。気候ネットワークでは、イベントの運営《うんえい》やCOP《コップ》への参加などさまざまな活動をしましたが、影響力《えいきょうりょく》の大きな活動を、熱意をもってとりくむことができ、よい経験《けいけん》となりました。いまはその経験をいかして、企業《きぎょう》や自治体の気候変動対策を進める仕事をしています。

成のために、国内への政策提言《せいさくていげん》やロビー活動（私的《してき》な政治《せいじ》活動）、地域《ちいき》での温暖化対策《たいさく》活動（温暖化対策のモデル作成）を行うことを大きな柱としています。また、環境《かんきょう》問題にとりくむ国内外の団体《だんたい》や個人《こじん》と連携《れんけい》し、ボランティアやボランティア・インターン（職業《しょくぎょう》体験をする学生）が活躍《かつやく》しています。

具体的には、COP《コップ》などの国際交渉《こくさいこうしょう》会議への参加や、国際交渉を前進させるために、「アースパレード2015」のようなキャンペーンを行うなどの世界に向けた活動があります。このほか、日本国内や地域へのアプローチとして、国や地方自治体への政策提言、政策の監視《かんし》、環境問題に関する全国キャンペーン活動、環境教育や人材育成、地域の温暖化対策の活動支援《しえん》などの国内での活動があります。

国へ政策提言を行うときは、地球温暖化に関するさまざまなデータや、他国の政策などを調査《ちょうさ》・研究し、政策提言にいかしています。そうした政策提言が、すぐに政府《せいふ》や自治体に受けいれられるわけではありません。しかし、市民の地球温暖化や環境破壊《はかい》をとめたいと思う世論《よろん》を起こし、その思いを代弁《だいべん》することで、国や自治体を動かす必要があります。そのためにキャンペーンやシンポジウムなどを行ったり、パンフレットをつくったりして、市民への情報提供《じょうほうていきょう》をすることも重要になります。

2015年11月に、パリ会議の成功と気候変動のない平和な未来をめざして、「グローバル気候マーチ」が世界中で開催《かいさい》され、日本では東京と京都で「アースパレード2015」を行いました。

また、地域の温暖化対策支援は、地域から世界を変えることを目的としています。国へと同様に、自治体に政策提言を行ったり、地域で講演会《こうえんかい》やシンポジウムを開いたり、自治体と連携《れんけい》して小学校などで環境教育を行ったり、地域で温暖化防止のために活躍する人材の教育などを行ったりしています。たとえば、京都市《きょうとし》で2005年にはじまった「こどもエコライフチャレンジ」という事業は、2010年からは京都市全部の市立小学校で行われるなど、広がりを見せています。

## 2030年までに脱炭素《だつたんそ》社会への道すじをつける

2015年にフランスのパリで開催《かいさい》されたCOP21《コップ》で、2020年以降《いこう》の気候変動問題に関する国際的《こくさいてき》な枠組《わくぐ》みである「パリ協定」が採択《さいたく》されました。これ以降、世界的な目標として、2050年までに脱炭素《だつたんそ》社会を達成することが大きくかかげられました。日本も同じように、2050年に温室効果《こうか》ガス排出《はいしゅつ》「実質《じっしつ》ゼロ」をめざしています。

気候《きこう》ネットワークでは、2050年までに二《に》酸化《さんか》炭素の排出をなくし、世界の人びとがふつうに日常《にちじょう》生活を送り、仕事ができる社会をつくることを大きな目標としています。

そのためには、2030年を目安に、脱炭素社会実現《じつげん》のための方法を考え実践《じっせん》し、2050年までの20年間に着実にその対策《たいさく》を進めていく必要があります。2030年までには10年もありません。少しずつ、どのような方向性《ほうこうせい》なのか、どういう方法なのかといった道すじはできつつありますが、足りないところもたくさんあります。そういう意味では、問題が非常に切迫《せっぱく》しているといえます。

気候変動の問題は、ごみ問題や生物多様性《たようせい》、持続可能《かのう》な農業、そして食糧《しょくりょう》不足の問題など、あらゆる環境《かんきょう》問題の根底にあります。気候ネットワークは、脱炭素社会実現に向け2030年までの数年間、ますます力を入れて活動をしていきたいと考えています。

「こどもエコライフチャレンジ」では、子どもたちだけでなく、家族といっしょに考え、地球温暖化防止《おんだんかぼうし》にとりくんでいます。

### ボランティアの声

**一原雅子《いちはらまさこ》さん**

わたしは高校生のときに参加したごみ拾い活動以来、環境《かんきょう》ボランティアをつづけています。「こどもエコライフチャレンジ」にボランティアとして参加し、出張授業を通じて、子どもたちが地球温暖化《おんだんか》について自分で考え、夏休み中のエコライフチャレンジをきっかけにエコな生活様式を身につけていくのを身近でサポートしています。一人《ひとり》一人と向きあい、小さくても確実《かくじつ》な変化を見とどけられるのが、このボランティア活動の大きな楽しみです。

### パリ協定

COP21《コップ》で採択《さいたく》され、「京都議定書」の後継《こうけい》となる温暖化防止《おんだんかぼうし》の新しい枠組《わくぐ》み。全世界共通の長期目的として、世界の平均《へいきん》気温上昇《じょうしょう》の具体的な努力目標がしめされた。途上国《とじょうこく》をふくむすべての参加国に排出削減《はいしゅつさくげん》努力をもとめたことが画期的といわれている。

# 里山的な生きかたやくらしかたを提案《ていあん》して、日本の自然を復活《ふっかつ》させる

## 里山倶楽部《さとやまくらぶ》

里山とは、民家が集まる人里の近くにある山で、クヌギやナラなどの雑木《ぞうき》の森林がある場所のことをいいます。日本の原風景ともいわれますが、ここ数十年の開発によっていまでは多くの里山が昔のすがたをなくしています。こうした里山を保全《ほぜん》し、自然ゆたかな日本のすがたをとりもどそうと、さまざまな活動が行われています。ここでは「里山倶楽部《さとやまくらぶ》」の活動を紹介《しょうかい》します。

### 好きなことして、そこそこ儲《もう》けて、里山を保全《ほぜん》する

「里山倶楽部《さとやまくらぶ》」は、大阪府南河内郡《みなみかわちぐん》河南町《かなんちょう》を活動フィールドとする団体《だんたい》で、1989年に設立《せつりつ》された「南河内水《みなみかわちみず》と緑《みどり》の会《かい》」を前身としています。「南河内水と緑の会」は、南河内で環境保全《かんきょうほぜん》活動をやってみたいと考えた10人ほどの有志《ゆうし》が集まってできた団体です。公園をきれいにしたい、炭焼きをやってみたい、農薬、化学肥料《ひりょう》、除草剤《じょそうざい》をいっさい使わない田んぼづくりをしてみたいなど、人によってさまざまなテーマをもっていたので、いろいろな活動が同時並行《へいこう》ではじまりました。里山保全に関する活動としては、炭焼きが最初でした。炭焼きとは木を切り、長時間焼いて炭をつくることです。

炭焼きが環境保全につながるというと、意外に思うかもしれません。じつは、里山の森林というのは、人の手が入らないと荒《あ》れてしまいます。木が生いしげって太陽の光が入らなくなり、植物が新しく芽生えることができなくなり、その結果、それまで里山にいた植

#### 団体《だんたい》データ

| | |
|---|---|
| 団体名称《だんたいめいしょう》 | NPO法人 里山倶楽部《さとやまくらぶ》 |
| 設《せつ》　立《りつ》 | 1995年（2002年にNPO法人化） |
| 所《しょ》 在《ざい》 地《ち》 | 大阪府松原市立部《まつばらしたつべ》1-6-3 |
| 電《でん》　話《わ》 | 072-333-0309 |
| メ ー ル | sasayuri@satoyamaclub.org |
| ホームページ | http://www.satoyamaclub.org |

物や生きものなどの多様性《たようせい》が失われていってしまいます。昔の生活では、炭焼きや煮炊《にた》きに使う薪《まき》を里山の森林から木を切りだして使っていました。また、将来《しょうらい》のための植林も行われていました。このことにより、木の大きさや数が適度《てきど》にたもたれ、里山の環境が維持《いじ》されていたのです。

かつて南河内水と緑の会では、多くの活動が行われていました。ときがたつにつれ、そうした活動のなかから新しい団体をつくるなど、会のなかにはそれぞれの新しい道を歩みだす会員も出てきました。そこで、1995年に里山の環境保全活動を行う団体を「里山倶楽部」としてべつに立ちあげることになりました（おおもとの南河内水と緑の会は、2000年に団体としての活動を終了《しゅうりょう》しました）。

「里山っ子クラブ」には、年長～小学6年生の子どもたちが参加し、年間を通して野外活動が行われます。

里山倶楽部は、発足のときに一つのコンセプトをかかげています。それは「好きなことして、そこそこ儲《もう》けて、いい里山をつくる！」というものです。「そこそこ儲けて」というのは、当時のボランティア団体としては、とてもめずらしいコンセプトです。

会の運営《うんえい》や里山の保全のためには、活動資金《しきん》が必要です。会員の会費《かいひ》だけではなく、炭焼きでつくった炭を販売《はんばい》するなど、経済《けいざい》活動もとりいれることで資金を得《え》て、まかなおうと考えたのです。このコンセプトをとりいれたのは、里山という場所がもともと、田畑をつくり、雑木林《ぞうきばやし》の木で炭をつくり……といった、人びとの経済活動の場所だったということも大きな理由の一つです。2002年にNPO法人になってからも、このコンセプトはつづいています。

## やりたいと思った活動を独立採算制《どくりつさいさんせい》で行う

里山倶楽部《さとやまくらぶ》では、所属《しょぞく》する会員がいろいろなグループをつくって活動をしています。コンセプトに「好きなことして」とあるとお

### 事務局《じむきょく》の寺川裕子《てらかわひろこ》さんに聞きました

生物多様性《たようせい》の問題や環境《かんきょう》問題は、学校やテレビなどで知る機会も多く、みなさんにはいろいろな知識《ちしき》があると思います。でも、知識と現実《げんじつ》ではちがうところもあります。ぜひ近くの里山のような場所に行って、じっさいにどんな様子なのかを見てほしいと思います。雑木林《ぞうきばやし》や田んぼに行って深呼吸《しんこきゅう》したらどんな香りがするでしょう？　泥《どろ》にふれたらどんな肌《はだ》ざわりがするでしょう？　じっさいに経験《けいけん》して、自分にどんなとりくみができるのかを考えてもらえるとうれしいです。

り、里山の保全《ほぜん》に少しでもかかわることであれば、やりたいと思った活動を提案《ていあん》してグループをつくり、活動をはじめることができます。前身の南河内水《みなみかわちみず》と緑《みどり》の会《かい》からある、炭焼きの活動や、農薬、化学肥料《ひりょう》、除草剤《じょそうざい》をいっさい使わない田んぼづくりのほか、子どもやおとな向けの野外活動のワークショップ、バイオマスを使った再生可能《さいせいかのう》エネルギー事業、なかには、焼いた竹炭を使ってコーヒーをいれて飲む活動といったものまであります。

どんな小さな活動でも、里山を利用することが、里山の保全につながるというのが里山倶楽部の考えかたです。それぞれの運営《うんえい》は完全にグループにまかされています。活動費《かつどうひ》も独立採算制《どくりつさいさんせい》でまかなわれていて、参加費《さんかひ》を集めて活動費にあてるのか、炭焼きのようにつくった炭を販売《はんばい》して活動費の一部にあてるのかなど、それぞれのグループでことなっています。

具体的な活動の例をあげると、子どもたちへの環境《かんきょう》教育を行う「里山っ子クラブ」や「学校林」の活動があります。「里山っ子クラブ」は、里山倶楽部の設立《せつりつ》とほぼ同時に活動をはじめ、すでに20年以上もつづいています。小学生を対象《たいしょう》に、毎年、米づくりや工作、生きものさがしといった里山での体験活動を行っています。里山という日本の自然のなかで活動し、昔から日本人がつちかってきた、人間は自然の一部なのだという自然観を身につけるための活動が大きな特徴《とくちょう》です。

「学校林」は、近くの小学校で授業《じゅぎょう》の一環《いっかん》として行っています。里山倶楽部が管理している里山の林で、子どもたちが自然に親しんだり、竹炭づくりなど昔の生活を体験したりするプログラムの指導《しどう》をしています。

このほか、おとな向けの環境教育講座《こうざ》として「里山と暮《く》らす応援《おうえん》講座」や「スモールファーム自給塾《じきゅうじゅく》」などもあります。「田舎《いなか》ぐらしをしたい」「未経験《みけいけん》だけれども、将来《しょうらい》林業や農業を職業《しょくぎょう》にしたい」という人たちに、里山倶楽部の会員たちがそれぞれの特技《とくぎ》を生かして、チェーンソーの使いかたや、農薬、化学肥料《ひりょう》、除草剤《じょそうざい》

## 会員の声

**里山っ子クラブ主催《しゅさい》　新田章伸《にったあきのぶ》さん**

もともとボーイスカウトで活動するなど、昔から野外活動が好きでした。大学卒業後、一般《いっぱん》企業《きぎょう》に就職《しゅうしょく》しましたが、子どもの環境《かんきょう》教育にかかわる仕事がしたいと思い、国内外の先進地で環境教育を学んだあと、里山倶楽部《さとやまくらぶ》に参加して、「里山っ子クラブ」を立ちあげました。参加してくれる子どもたちには、活動を通して、野外活動のスキルを高めるといったことよりも、自然のなかで一体になって生きているんだという感覚を感じてほしいと思っています。

### 里山の風景

里山の風景には、里山の森林だけでなく、人が住む集落や、集落のまわりに広がる田んぼなどもふくまれる。宅地《たくち》の造成《ぞうせい》や道路建設《けんせつ》などにより、里山と宅地、田んぼが分断《ぶんだん》されたところが多く、日本の自然の原風景とされる里山の風景は、どんどん少なくなっている。

「里山と暮《く》らす応援講座《おうえんこうざ》」では、じっさいに里山でくらすときに必要となる知識《ちしき》が学べます。

をいっさい使わない米や野菜づくりなどを教えています。ここで知識《ちしき》や技術《ぎじゅつ》を身につけた人たちのなかには、新たに環境保全団体《だんたい》を立ちあげたり、環境に関する事業をはじめたりする人もいます。

## 里山が継続的《けいぞくてき》に手入れされることを願って

里山は、日本の代表的な自然であると同時に、人間のくらしに欠かせない場所でした。里山倶楽部《さとやまくらぶ》では、活動を通して、新しい里山的な生きかた、くらしかたを提案《ていあん》しています。たくさんの人たちに、どんなかたちでもいいので、里山にかかわるくらしをしてほしいと考えています。

それは、かならずしも里山に来て何かをするということではありません。木のぼりを楽しんだり、里山でつくった竹炭でいれたコーヒーを飲んでみたり、農薬、化学肥料《ひりょう》、除草剤《じょそうざい》をいっさい使わない野菜をつくったり、といったことを経験《けいけん》して、自分が自然とどうかかわっているのかを意識《いしき》してくらしてほしいということです。

また、里山倶楽部が、これまで手入れして保全《ほぜん》してきた里山の環境《かんきょう》を、何年も何十年もずっと維持《いじ》していきたいということも大きな願いです。里山というのは、人によって手入れされないと、もとの荒《あ》れた場所にもどってしまいます。たとえこの先、里山倶楽部という団体《だんたい》がなくなったとしても、この里山を大切にまもっていきたいと思う人たちの手で、将来《しょうらい》にわたって継続的《けいぞくてき》に手入れされていくことが大事だと考えています。

### 会員の声

大浦泰祐《おおうらたいすけ》さん

漠然《ばくぜん》と何か自然とふれあう活動をしたいと思っていたとき、メールマガジンで、「里山と暮《く》らす応援講座《おうえんこうざ》」を知り、応募《おうぼ》しました。これをきっかけに、草《くさ》刈《か》りや山道の保全《ほぜん》などのボランティア活動に参加しはじめたほか、里山倶楽部《さとやまくらぶ》で開催《かいさい》されているいろいろな講座にも定期的に参加しています。自分が里山の保全にわずかでも貢献《こうけん》できているというやりがいとともに、自然とのふれあいで「目に見えない何か」を受けとっている実感があります。

農薬、化学肥料《ひりょう》、除草剤《じょそうざい》をいっさい使わない農作物をつくる「スモールファーム自給塾《じきゅうじゅく》」。季節ごとにいろいろな作物をつくります。

解説《かいせつ》

# 環境《かんきょう》問題とボランティア

ボランティアをより深く知るために、
環境《かんきょう》ボランティアの特徴《とくちょう》を
見ていきましょう。

1. 環境《かんきょう》ボランティアの特徴《とくちょう》は「日常性《にちじょうせい》」
2. 「つかう責任《せきにん》」をくらしのなかで
3. 環境ボランティアの新たな動き

## 1. 環境《かんきょう》ボランティアの特徴《とくちょう》は「日常性《にちじょうせい》」

### 大きな危機《きき》にある地球環境《かんきょう》

現代《げんだい》において、環境《かんきょう》問題は全人類が直面している深刻《しんこく》な課題です。地球温暖化《おんだんか》、ごみ問題、生物多様性《たようせい》の危機《きき》など、問題は多くの分野にわたります。

2015 年に国連で採択《さいたく》された「SDGs《エスディージーズ》（持続可能《かのう》な開発目標）」は、世界中の環境問題・差別や貧困《ひんこん》、人権《じんけん》問題を 2030 年までに解決《かいけつ》していくためにつくられた国際的《こくさいてき》な目標です。それぞれの問題について、もちろん環境問題も、いま世界中の人がとりくまなければ「持続不可能《ふかのう》」なところまできているのが現状《げんじょう》です。

環境問題は、人間の活動がまねいたものです。「人新世《じんしんせい》」ということばを聞いたことがあるでしょうか。これは、20世紀末《せいきまつ》に提唱《ていしょう》された新たな考えかたで、地球の地質《ちしつ》の変化で時代を分ける地質年代において、人間の活動が地球の生態系《せいたいけい》などにマイナスの影響《えいきょう》をあたえるようになった時代をさすことばです。18世紀《せいき》の産業革命《かくめい》からとする意見もありますが、現在《げんざい》ではおおむね「工業化や核《かく》実験などが加速した20世紀なかばから」と定義《ていぎ》されています。

地球の誕生《たんじょう》はおよそ46億年前です。長い地球の歴史《れきし》のなかで、わずか100年足らずのうちに人間の活動が地球環境を激変《げきへん》させたことになります。

逆《ぎゃく》に見れば、このことはいかに環境問題がわたしたち一人《ひとり》一人の生活と密接《みっせつ》にかかわっているかの証拠《しょうこ》ともいえます。人口の増加《ぞうか》や文明の発達によるくらしの変化が、急速に地球に負荷《ふか》をかけてきたのです。

## 環境《かんきょう》ボランティアとくらし

SDGs《エスディージーズ》の17の目標（ゴール）のうち、ゴール12は「つくる責任《せきにん》つかう責任（持続可能《かのう》な消費《しょうひ》と生産のパターンを確保《かくほ》する）」です。「つくる」はものを生産することです。持続可能な開発や、自然と調和したくらしかたに関する情報《じょうほう》を得《え》たり、意識《いしき》をもったりすることは、「つくる」側にも影響《えいきょう》をおよぼします。生産に直接《ちょくせつ》かかわっていなくても、生活のなかでものを「つかう」側にも責任があるのです。

このゴール12「つくる責任つかう責任」が問題にしているのは、大量のものを生産し、大量に使い、大量のものをすてる社会のサイクルです。わたしたちは現代《げんだい》の社会で生活することで、このサイクルに加わっているのです。このゴールを具体化した11のターゲットは、天然資源《しげん》の使いかた、食品ロス、化学物質《ぶっしつ》の管理、リサイクルなどさまざまな分野におよんでいますが、例として食品について見てみましょう。つねに意識したいのは、食べきれる分だけを買い、食べのこしをしないことです。賞味期限《しょうみきげん》の近い商品を買うことでも、店からすてられる食品の量をへらすことができます。

このような行動は、個人《こじん》でできる環境《かんきょう》ボランティア活動です。このように日常《にちじょう》に密着《みっちゃく》していることが、環境ボランティアの大きな特徴《とくちょう》です。ささいに感じられる行動一つ一つが、自然環境を直接まもる活動をする人びとを応援《おうえん》し、助けることにもつながります。

人工物と生物の総重量《そうじゅうりょう》

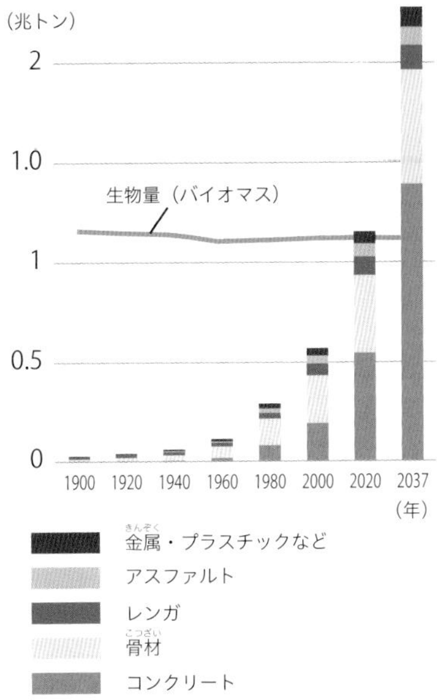


Elhacham, Emily; et al."Global human-made mass exceeds all living biomass". Nature 588, 442-444 (2020) による。2020年、2037年の数《すう》値《ち》は推計《すいけい》

地球上の生物の総重量《そうじゅうりょう》（折れ線グラフ）はあまり変化していませんが、人工物の総重量（棒《ぼう》グラフ）は2020年に生物の総重量をこえ、2037年には生物の2倍にもなるといわれています。

日本の廃棄物《はいきぶつ》と食品ロス（2018年度）

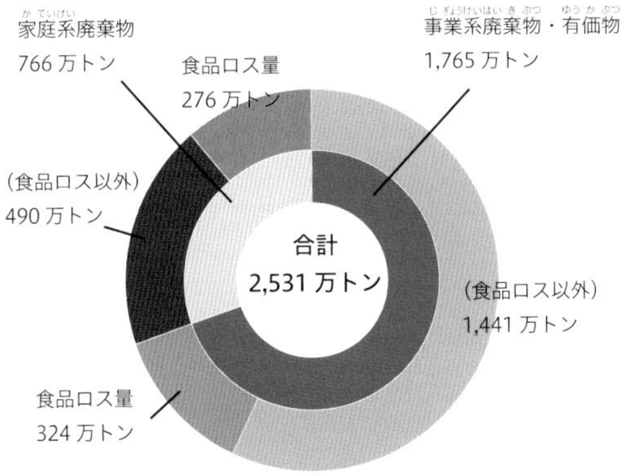


農林水産省、環境省《かんきょうしょう》データによる

廃棄物《はいきぶつ》のうち、家庭から出る食品ロス量は約1割《わり》をしめます。事業系《じぎょうけい》の廃棄物にくらべると少ないですが、事業系廃棄物は7割以上が再《さい》生《せい》利用されているのに対して、家庭の廃棄物はほとんどが焼却《しょうきゃく》・うめたて処理《しょり》されています。

# 2. 「つかう責任《せきにん》」をくらしのなかで

日本の部門別二酸化炭素排出量《にさんかたんそはいしゅつりょう》の割合

（2019 年度）

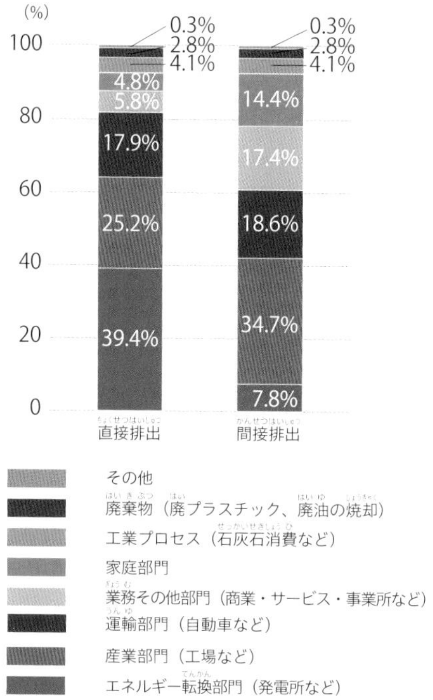


温室効果《こうか》ガスインベントリオフィスによる

発電による二酸化炭素排出量《にさんかたんそはいしゅつりょう》を、直接《ちょくせつ》排出のグラフ（左）ではエネルギー転換《てんかん》部門の値《あたい》としています。発電による排出量を、じっさいに電気を使った部門にわりあてたのが間接《かんせつ》排出のグラフ（右）です。

## 地球温暖化《おんだんか》に歯どめをかける

わたしたちの生活に深いかかわりのある環境《かんきょう》問題を見ながら、「つかう責任《せきにん》」について考えていきましょう。

地球温暖化《おんだんか》は、二酸化炭素《にさんかたんそ》をはじめとする温室効果《こうか》ガスがふえすぎたために、地球全体の平均《へいきん》気温が上がっている現象《げんしょう》です。北極や南極の氷がとけて海面が上昇《じょうしょう》し、海抜《かいばつ》が低い南太平洋の島国などは水没《すいぼつ》の危機《きき》にさらされています。砂漠化《さばくか》や集中豪《ごう》雨など気候変動の影響《えいきょう》が出ており、日本も例外ではありません。二酸化炭素の排出量《はいしゅつりょう》をおさえると同時に回収《かいしゅう》し、実質的《じっしつてき》に排出量をゼロにする脱炭素《だつたんそ》社会をめざす、国際的《こくさいてき》な対策《たいさく》が進んでいます。

二酸化炭素は、エネルギーを使って電気や熱を発生させるときに排出《はいしゅつ》されます。日本について見ると、排出量がもっとも多いのは発電（エネルギー転換《てんかん》）によるものです。つくられた電気や熱がどう使われたかをふくめて計算すると、家庭からの排出量は全体の 14.4 パーセント（2019 年度）におよびます。

二酸化炭素の排出量をへらすために生活のなかでくふうできるのは、まず使う電気をへらす節電です。使っていない機器の電源《でんげん》を切るのをはじめ、照明を LED 電球に変えたり、電気消費《しょうひ》の少ない家電を使ったり、毎月の電気料金をチェックする習慣《しゅうかん》をつけたりします。太陽光などの再生可能《さいせいかのう》エネルギーでつくった電気を使ったり、地球温暖化対策に出資したり参加したりしている企業《きぎょう》の製品《せいひん》を選んだりすることでも、二酸化炭素の排出量をへらす対策に参加することができます。

## ごみは多くの環境《かんきょう》問題につながる

ごみについて意識《いしき》することで、生活と地球環境《かんきょう》がさまざまなかたちでつながっていることが見えてきます。まず、ものを買い、使い、ごみとしてすてるサイクルに乗るものの量自体をへらさなければ、地球環境を持続不可能《ふかのう》にしつつある大量生産・大量消費《しょうひ》はなくなりません。家庭から回収《かいしゅう》されたごみは焼却《しょうきゃく》やうめたて処理《しょり》されますが、焼却には化石燃料《ねんりょう》が使われ、温室効果《こうか》ガスが排出《はいしゅつ》されます。燃《も》やすごみの量をへらすには、資源《しげん》として再利用《さいりよう》する量をふやさなければなりません。そのためには正しい分別が必要です。いっぽう、ごみを回収・処理の流れに乗せずに町なかや海、山などに放置することは、かたづける人の手をわずらわせるだけでなく、ごみの資源化《しげんか》や再利用をさまたげます。また、河川《かせん》や野生の生きものを入り口にして、自然環境にプラスチックごみが入りこむことになります。これが海洋プラスチックごみ問題です。

自分が買ったものがどのようにごみになり、どのような処理をへてどこに行きつくのかを知ること、よくない結果に行きつくきっかけになるような行動を変えることも「つかう責任《せきにん》」の一環《いっかん》です。

ごみのサイクル全体をよくする考えかたをまとめたことばが３Ｒ《スリーアール》（リデュース・リユース・リサイクル）です。ものを買って使うとき、リデュース（へらす）、リユース（何度も使う）、リサイクル（資源として生かす）の三つに合う行動を選ぶことで、ごみが地球環境を圧迫《あっぱく》する問題をへらしていくことができます。

生活のなかで行動を選ぶ例として、容器包装《ようきほうそう》に使われているプラスチックに注目してみましょう。プラスチックは水分やにおいをとじこめて変質《へんしつ》をふせぐ便利な素材《そざい》なので、食品の包装材《ほうそうざい》として大量に使われています。ペットボトルもその一種です。家庭から出るごみを調べてみると、容器包装プラスチック類の比率《ひりつ》は重さでは11.0パーセントですが、容積《ようせき》の比率（かさ）では48.1パーセントをしめます（2019年度調査《ちょうさ》）。買う時点でごみになることが決まっている容器包装は、買うときに気をつけなければへらせません。生活全体を変えていくことが、家庭でできるボランティア活動です。

家庭ごみの容器包装廃棄物容積比率《ようきほうそうはいきぶつようせきひりつ》

（2019年度調査《ちょうさ》）

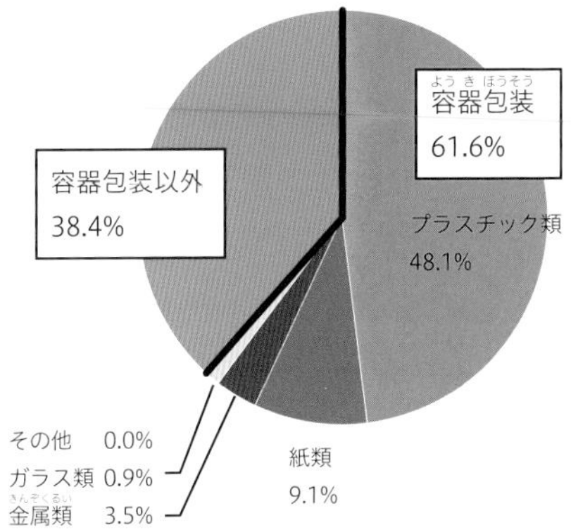


環境省《かんきょうしょう》による

日本国内の８つの都市で排出《はいしゅつ》された家庭ごみを、容器包装《ようきほうそう》とそれ以外に分けて調べると、ごみの体積の61.6パーセントを容器包装がしめていました。

## 野生の生きものとくらし

ごみの放置が生きものに影響《えいきょう》するように、わたしたちの生活は自然界の生態系《せいたいけい》に組みこまれています。地球にはたくさんの生きものがすみ、それぞれに影響をあたえあっていますが、人間の活動によってそのバランスがくずされています。

バランスをこわす行動は、じつは日常《にちじょう》のくらしのなかにかくれています。たとえば公園に集まるハトなどの野生の生きものにえさをやると、その生きものの数を異常《いじょう》にふやしてしまいます。野外に食べのこしを放置したり、生ごみを置いたりするのも、えさをやるのと同じです。

そのときは目的があって行われたことも、大きな悪影響《あくえいきょう》をおよぼすことがあります。海外にしかいなかった生きものであるブラックバスを、食用やつりのために川に放流したことで、ほかの生きものがすめなくなった例もあります。もともと日本にいた生きものであっても、すむ場所を人間の手でうつすことで、べつべつの種だったものがまざりあってしまったりもします。

生きものがくらす環境《かんきょう》をまもる行動の前に、どんな行動が生きものの害になるのかを知り、害になる行動をやめるようはたらきかけるのも環境ボランティア活動です。

三重県の農業用ため池でつかまえられたブラックバス。　©朝日新聞社

# 3. 環境《かんきょう》ボランティアの新たな動き

2019 年の COP25《コップ》（国連気候変動枠組条《わくぐみじょう》約《やく》第 25 回締約国《ていやくこく》会議）でスピーチするグレタ・トゥーンベリ。　Ⓒ朝日新聞社

## インターネットを使いこなす Z 世代の活動家

一人《ひとり》でも活動できるのが環境《かんきょう》ボランティアの特徴《とくちょう》ですが、社会全体を変えるためには、そのアクションを周囲《しゅうい》に広めていくことも重要です。

一人の活動を世界規模《きぼ》に広げた 2003 年生まれのスウェーデンの環境活動家、グレタ・トゥーンベリを紹介《しょうかい》しましょう。トゥーンベリは 2018 年、15 歳《さい》のときに気候変動対策《たいさく》が行われないことに抗議《こうぎ》するため、一人でスウェーデンの国会議事堂前ですわりこみをしました。この行動は若者《わかもの》たちの共感をよびおこし、「FridaysForFuture《フライデーズフォーフューチャー》（未来のための金曜日）」という運動となって、世界各地で行われています。2019 年には、日本でも学生を中心に活動がはじまり、全国に支部《しぶ》ができています。

トゥーンベリの活動は、SNS を通じて、#FridaysForFuture というハッシュタグとともにいっきに世界中に拡散《かくさん》されました。インターネットを味方につけるスタイルは、Z 世代（1990 年代後半から 2000 年代に生まれた人をさす）の代表として注目を集めました。気候変動という世界全体にかかわる課題に対して、資金《しきん》や組織《そしき》をもたない若者でも、主張《しゅちょう》をうったえる活動ができることを実証《じっしょう》したのです。

ボランティアにおいては、人と人との出会いやつながりが重視《じゅうし》されてきました。インターネットや ICT 技術《ぎじゅつ》を使いこなし、対面できなくてもつながりを広げていく手法は、環境の分野だけでなく、ボランティアや社会運動に新たな可能性《かのうせい》を開くきっかけとして期待できます。とくに SNS というメディアには、それまで無関心だった人の心を動かし、行動をうながす力があります。

2020 年以降《いこう》世界に広がったコロナ禍《か》を機に、「オンラインボランティア」というボランティアの新たな方法も登場しました。多くの団《だん》体《たい》が参加者を募集《ぼしゅう》しています。ボランティア活動に必要な事務《じむ》作業などをリモートで行ったり、発表や勉強会にオンラインで参加するなど、遠くの人とも交流しながら活動できます。これまでボランティアに興《きょう》味《み》をもちながら、時間や距離《きょり》のかべにはばまれてきた人にとって、新たな活動をはじめる大きな機会です。

「この問題について知りたい」「この問題にとりくむ人とつながりたい」「声を上げて、運動をはじめたい」と思いたったとき、インターネットは大きな力になります。インターネットをより有機的に活用することで、ボランティアに新しい活路が開かれていくでしょう。

# さくいん

## ●監修

**西尾雄志**（にしお・たけし）

早稲田大学大学院社会科学研究科満期退学。博士（学術）。学生時代よりFIWC（フレンズ国際ワークキャンプ）関東委員会で活動を行う。早稲田大学平山郁夫記念ボランティアセンター客員准教授などをへて、現在は近畿大学総合社会学部准教授。日本ボランティア学習協会理事、日本財団ボランティアセンター理事。著書に『ハンセン病の「脱」神話化　自己実現型ボランティアの可能性と陥穽』（皓星社）、共著に『承認欲望の社会変革　ワークキャンプにみる若者の連帯技法』（京都大学学術出版会）がある。

## ●取材協力（五十音順）

NPO法人 里山倶楽部
NPO法人 たてやま・海辺の鑑定団
NPO法人 日本もったいない食品センター
認定NPO法人 気候ネットワーク
認定NPO法人 生態工房
認定NPO法人 中部リサイクル運動市民の会
福井県両生爬虫類研究会

## ●写真提供（五十音順）

朝日新聞社
NPO法人 里山倶楽部
NPO法人 たてやま・海辺の鑑定団
NPO法人 日本もったいない食品センター
認定NPO法人 気候ネットワーク
認定NPO法人 生態工房
認定NPO法人 中部リサイクル運動市民の会
福井県両生爬虫類研究会

## ●表紙・カバー写真提供

大…認定NPO法人 生態工房
小…認定NPO法人 中部リサイクル運動市民の会

## ●本扉写真提供

認定NPO法人 生態工房

## ●スタッフ

| | |
|---|---|
| 執　　筆 | 大宮耕一 |
| | 粟生こずえ |
| 装　　丁 | 村口敬太（Linon） |
| デザイン・組版 | 株式会社ライツ（角田竜一） |
| イラスト | 宮下やすこ |
| 校　　正 | 菅村薫 |
| 編集・制作 | 平尾小径 |
| | 株式会社桂樹社グループ |
| 編集協力 | 當摩裕子 |
| 制作協力 | 福島デザイン室 |

ISBN978-4-7999-0436-7　NDC 369　48p　293×215mm

もっと知りたいボランティア

2　知ろう！環境ボランティア

2022年2月　初版第1刷発行

発行者　水谷 泰三
監　修　西尾 雄志
発　行　株式会社文溪堂
〒112-8635　東京都文京区大塚3-16-12
TEL　営業(03)5976-1515　編集(03)5976-1511
ホームページ　https://www.bunkei.co.jp
印刷・製本　図書印刷株式会社

# ボランティアとは何か？
# その本質がわかる本格シリーズ

# もっと知りたい　ボランティア

**（全５巻）**

●ボランティアの３原則「自発性」「公共性」「非営利性」などについて、掘り下げて解説。ボランティアを深く知り、深く学べる、本格シリーズ。

●１巻では、様々な例を用いての「思考実験」を行ない、なぜ、人はボランティアを行うのか、その背景にはどんな人間の行動・思考が隠されているのか…まで、子どもたちに深く考えさせる内容です。

●２～５巻では、各巻、「環境」「福祉」「国際協力」「地域社会・災害」とジャンルをわけ、それぞれ７つのボランティア団体、NPO などを取材、実際に活動している人の証言なども交え、具体的に紹介しています。

●ボランティアの活動を SDGs の観点から捉え、それぞれ、SDGs のどのゴール（目標）に関わるか、アイコンでわかりやすく示しています。

●子どもたちが、将来、ボランティア団体、NPO、NGO などを自分たちの進路の選択肢の一つとして考えられ、キャリア教育にも最適な、今までなかったシリーズです。

**監修：西尾雄志（近畿大学准教授）**

**各巻構成**

Ａ４変判
各 48 ページ
NDC369
（社会福祉）

1　ボランティアって、何？
2　知ろう！ 環境ボランティア
3　知ろう！ 福祉ボランティア
4　知ろう！ 国際協力ボランティア
5　知ろう！ 地域社会・災害ボランティア